Der
Hund aus dem Tierheim

Gwen Bailey

Der
Hund aus dem Tierheim
aus dem Englischen von Claudia Ade

Ulmer

Für Beau – der mich erkennen ließ,
wie viel man erreichen kann.

Anmerkung des Autors

Ich habe im vorliegenden Buch stets von „der Hund"
gesprochen. Dies geschah lediglich aus Gründen der
Zeitersparnis, um nicht ständig zwischen „der Hund"
und „die Hündin" unterscheiden zu müssen. Es soll
keine Wertung für männliche bzw. weibliche Hunde
darstellen – beide haben ihre Vorzüge, die sie zu
dankbaren Lebensgefährten machen.

Titel der englischen Originalausgabe: The Rescue Dog
Aus dem Englischen von Claudia Ade
Erschienen 2000 bei Hamlyn, an imprint of Octopus Publishing Group
Limited, 2–4 Heron Quays, London, E14 4JP, Great Britain
© 2000 Octopus Publishing Group
Text © 2000 Gwen Bailey

Die Deutsche Bibliothek – CIP-Einheitsaufnahme

Bailey, Gwen:
Der Hund aus dem Tierheim / Gwen Bailey.
Aus dem Engl. von Claudia Ade. Mit einem Vorw.
von Katie Boyle. – Stuttgart : Ulmer, 2001
  Einheitssacht.: The rescue dog <dt.>
  ISBN 3-8001-3199-4

Das Werk einschließlich aller seiner Teile ist urheberrechtlich geschützt.
Jede Verwertung außerhalb der engen Grenzen des
Urheberrechtsgesetzes ist ohne Zustimmung des Verlages unzulässig und
strafbar. Das gilt insbesondere für Vervielfältigungen, Übersetzungen,
Mikroverfilmungen und die Einspeicherung und Verarbeitung in
elektronischen Systemen.

© 2001 Verlag Eugen Ulmer GmbH & Co. Wollgrasweg 41,
70599 Stuttgart (Hohenheim), internet: www.ulmer.de
Lektorat: Dr. Eva-Maria Götz
Satz: Typomedia Satztechnik GmbH, Ostfildern
Printed in China

Inhalt

7 Vorwort

8 Einleitung

KAPITEL 1

10 Welcher Hund passt zu mir ?

KAPITEL 2

28 Wie Sie „Ihren" Hund finden

KAPITEL 3

44 Die erste Zeit und neue Bekanntschaften

KAPITEL 4

62 Eine enge Bindung aufbauen

KAPITEL 5

78 Die Bedürfnisse Ihres Hundes

KAPITEL 6

90 Grundausbildung

KAPITEL 7

100 Scheues und aggressives Verhalten

KAPITEL 8

114 Allein zu Hause

KAPITEL 9

130 Leichte Verhaltensstörungen beheben

KAPITEL 10

150 Die Geschichte von Beau

158 Nützliche Adressen und Register

Katie Boyle und ihre drei Schönheiten

Vorwort

Tierheimhunde aller Rassen, Größen und Altersgruppen waren schon immer fester Bestandteil meines Lebens. Das Einzige was sie alle gemeinsam hatten war, dass sie entweder ausgesetzt oder grausam misshandelt worden waren. Dies hatte sowohl mentale als auch physische Schäden zur Folge.

Als ich vor langer Zeit noch in meiner Heimat Italien lebte, wurde mir beigebracht, dass es genügte, Hunde nett und freundlich zu behandeln. Durch diese Zuneigung würden Hunde die Menschen verstehen und sie würden ihre Befehle mit Freude befolgen. Diese gut gemeinte, jedoch blauäugige Einstellung Hunden gegenüber war ein guter Ausgangspunkt, aber längst nicht ausreichend. Später lernte ich, mich an die Stelle des Hundes zu versetzen und mit ihm zu kommunizieren. Die in diesem Buch gezeigten Methoden und Informationen bringen uns voran und vermitteln uns, wie man eine perfekte Partnerschaft aufbaut.

Ich habe Gwen Bailey bei ihren Rehabilitationsmethoden beobachtet. Ihre sanfte, ruhige Vorgehensweise und ihr Einfühlungsvermögen, das sie ihren zwei- und vierbeinigen Schülern entgegenbringt, schaffen sowohl für Hunde als auch Menschen eine Vertrauensbasis und sind zudem sehr effektiv.

Leider gibt es immer noch viel zu viele herrenlose Heimtiere und täglich werden Hunderte gesunder Jungtiere eingeschläfert. Doch zum Glück wächst die Zahl der Menschen, die bereit sind, einem erwachsenen Hund ein gutes Zuhause zu bieten, die sich aber auch der Probleme bewusst sind, die mit großer Wahrscheinlichkeit auftauchen. Für sie wird dieses Buch eine große Hilfe und ein nützliches Nachschlagewerk sein. Auch bei mir gehört es zur ständigen Bettlektüre.

Ich bin froh, dass Gwen mit diesem Buch für Hundeliebhaber eine lang bestehende Lücke geschlossen hat. Es ist eine Schatztruhe voller Informationen und Hinweisen.

KATIE BOYLE

Einleitung

Einen erwachsenen Hund bei sich aufzunehmen kann sehr aufregend und eine lohnende Erfahrung sein, die dem Hund das Leben rettet und der Familie zu einem liebenswerten Freund verhilft. Ziel dieses Buches ist es, Sie auf die Ankunft des neuen Hausbewohners gut vorzubereiten. Hier erhalten Sie die nötigen Informationen, um für sich und Ihre Familie den geeigneten Hund auszuwählen und Ihre Partnerschaft von Anfang an richtig zu gestalten. Es vermittelt außerdem Tipps, wie Sie Ihrem Hund das gewünschte Benehmen beibringen, ihn verstehen und mit ihm kommunizieren und es erleichtert Ihnen vor allem in der Anlaufphase das Aneinandergewöhnen.

Es ist eine traurige Tatsache, dass viele Hunde, die mit hohen Erwartungen im Welpenalter erworben wurden, nicht das ganze Leben bei einem Besitzer verbringen. In den letzten zehn Jahren arbeitete ich als Verhaltensforscherin für das „Blue Cross", das zu den größten Tierschutzorganisationen Großbritanniens zählt. Dabei half ich bei Problemen, die zwischen einem neuen Hund und seinem Halter auftreten, beriet die Besitzer bei der Eingewöhnung ihres neuen Hundes und stand bei allen Fragen mit Rat und Tat zur Seite. Mit diesem Buch möchte ich versuchen, all die Menschen zu erreichen, die sonst nicht davon profitieren könnten. Hunde und ihre Besitzer unterscheiden sich in so vielen Dingen, dass kein Buch alles Wissenswerte vermitteln, Ihnen jedoch die Richtlinien zur Vermeidung grundlegender Fehler geben kann, die in so vielen Fällen dazu führen, dass der Hund zurückgegeben wird. Das Buch soll Ihnen helfen, einen Gefährten auszuwählen und zu behalten, mit dem Sie hoffentlich viele glückliche Jahre verbringen werden.

Danksagung des Autors

Mein Dank gilt John Rogerson, einem talentierten und erfahrenen Freund, der mir sehr viel über das Verhalten von Hunden beigebracht hat. Aufgrund seiner Informationen konnte ich bei der Rettung und Vermittlung durch das „Blue Cross" und andere Organisationen auf der ganzen Welt, Aspekte der Verhaltensforschung einbringen. Ohne seine Bereitschaft, sein Wissen mit mir zu teilen, wäre dies alles nicht möglich gewesen. Ich möchte auch noch anderen Menschen danken, die über Jahre hinweg ihre Ideen und Informationen bereitwillig mit mir teilten. Zu ihnen gehören Ian Dunbar, Tony Orchard, Peter Neville und der verstorbene John Fisher.

Das Manuskript wurde von mehreren Freunden gelesen: von Paul Barney, Katie Boyle, Andrew Edney, Elaine Grainger, Tony Orchard, Julie Sellors, Patches Silverstone und meinen Eltern. Ich danke euch allen für eure Hilfe, Unterstützung und Freundschaft.

Meinen Dank möchte ich auch dem „Blue Cross" aussprechen, das in den vergangenen zehn Jahren mein Arbeitgeber war und mir ermöglichte, Methoden zu entwickeln, um die Verhaltensforschung in den Tierschutz mit einzubringen.

Dadurch konnte ich mehr Hunden und Besitzern helfen, als ich es für möglich gehalten hätte und wir konnten an andere, die auf diesem Gebiet arbeiten, neue Methoden und Erfahrungen weitergeben.

Danksagung des Herausgebers

Hamlyn möchte dem „Blue Cross" und folgenden Menschen danken, die ihre Zeit opferten, ihre Hunde zur Verfügung stellten und dem Buch seine jetzige Form verliehen: Sally Reed; Charlotte Potts; Ginny Mabbort; Josh Perry; Linda Dixon; Tina Kew; Selina Williams; Alex Gilmore; Jo Heatherington; Lin Rogers; Georgina Parker (alle vom „Blue Cross"); Adam Ward; Peter Burt; Herr und Frau May; D. Millard; Carl & Louise Cross; John Stone; Kay Kentfield; Ian Shields; Diane Ward; Diane Blackburn; Samantha Visick; Andrea Fraser; T. Millard mit Familie; Sharon Lum; Sarah Allcock; Helen Murray; Dinah Wilkins und Katrina Moore.

KAPITEL 1

Welcher Hund passt zu mir?

Ein Hund aus zweiter Hand kann Freude oder Stress bedeuten. Das hängt weitgehend davon ab, ob Sie einen Hund wählen, der zu Ihrer Persönlichkeit und Familie passt. Jeder Halter ist anders und stellt unterschiedliche Anforderungen. Doch zum Glück gibt es Tierheimhunde in den verschiedensten Größen, Erscheinungen und Temperamenten. Sie müssen nur etwas Zeit investieren und darüber nachdenken, welcher Hund sich am besten für Sie eignet.

Tierheimhunde gibt es in allen Größen, Farben und Temperamenten

Viele neue Besitzer wählen einen Hund nur nach seinem äußeren Erscheinungsbild aus. Sie fühlen sich oft zu einem Hund hingezogen, der einem aus ihrer Kinderzeit ähnelt oder den sie früher einmal besaßen. Es ist nicht sehr klug, einen Hund nach diesen Kriterien auszuwählen und dabei sein Temperament völlig außer Acht zu lassen. Ein Hund, zu dem Sie sich hingezogen fühlen, kann Ihre Kinder beißen oder sich nicht mit Ihrem anderen Hund vertragen, während sich ein Hund, der nach Charakter und Temperament ausgewählt wurde, wahrscheinlich viel leichter eingewöhnt und zu einem perfekten Begleiter wird. Natürlich spielt auch das Aussehen eine Rolle und es ist genau so wichtig, dass Sie sich in den von Ihnen gewählten Hund verlieben können.

Was möchte ich eigentlich?

Wenn Sie diesen Teil lieber überspringen möchten, dann könnte es passieren, dass Sie am Ende einen Tierheimhund besitzen, der

Kleine Hunde sind in Tierheimen oft Mangelware, da sie weitaus beliebter sind als große Hunde.

überhaupt nicht zu Ihnen passt.
Wenn ein Hund Eigenschaften besitzt, die nicht zu Ihnen passen, wenn er z. B. zu viel Temperament für Ihren Lebensstil hat oder ständig Ihre Katze, Ihr Kaninchen oder Ihr Kind nervt, dann ist ein Zusammenleben stressig. Dieser Hund kann für eine andere Person der perfekte Hausgenosse sein, für Sie ist er jedoch nicht geeignet. Sorgfältiges Überlegen ist die beste Garantie dafür, sich nicht spontan in den ersten „süßen" Hund zu verlieben. Das Ende steht oft ein enttäuschter Besitzer und ein frustrierter Hund. Eigentlich muss man bei der Suche nach einem Hund vorgehen, wie wenn man einen Partner fürs Leben finden will!

Bevor Sie sich überhaupt in die Nähe eines Tierheims begeben, ist es angebracht, sich mit allen den Leuten zusammen zu setzen, die mit dem neuen Hund regelmäßig zu tun haben werden, um herauszufinden, was für ein Hund es sein soll. Vor der Suche sollten Sie einige grundlegende Fragen abklären. Diese lassen sich in zwei Kategorien einteilen – körperliche Merkmale und Charaktereigenschaften.

KÖRPERLICHE EIGENSCHAFTEN

Wahrscheinlich fällt es Ihnen leichter, die körperlichen Merkmale als die Charaktereigenschaften aufzuzählen, die Ihr neuer Hund haben sollte; beide sind jedoch gleich wichtig.

Größe

Die Größe Ihres Heims und Gartens bestimmt letztendlich auch die Größe des Hundes, den Sie dort halten können. In einer kleinen Wohnung einen großen Hund halten zu wollen, ist unvernünftig: In diesem Fall empfiehlt sich ein kleiner Hund, der sich auf dem Sofa zusammenrollen kann. Manchmal spielt jedoch der Bewegungsdrang eines Hundes eine größere Rolle als seine Größe – siehe Seite 16. Bleiben Sie jedoch, was die Größe angeht, immer auf dem Boden der Realität. Selbst wenn Sie sich immer schon einen Neufundländer oder Bernhardiner gewünscht haben, so besitzen Sie eventuell nicht die Voraussetzungen für einen solchen Hund.

Überlegen Sie sich auch, wo Sie Ihren Hund überall mit hinnehmen wollen. Wenn Sie ihn oft im Zug oder Bus mitnehmen

WICHTIGE FAKTOREN

Bevor Sie einen Hund auswählen, müssen Sie entscheiden welche körperlichen Merkmale und Charaktereigenschaften für Sie wichtig sind:

Körperliche Merkmale:
- Größe
- Rüde oder Hündin
- Kastriert oder nicht
- Alter
- Art des Felles

Charaktereigenschaften:
- Welche Rasse?
- Verträglich mit Kindern
- Verträglich mit anderen Haustieren
- Verträglich mit Fremden
- Verträglich mit anderen Hunden
- Bewegungsbedürfnis
- Wie willensstark?
- Wie anschmiegsam?
- Wie gelehrig?
- Wie eigenständig?

müssen, dann eignet sich eher ein kleiner Hund, den Sie auch mal unter den Arm klemmen können. Wenn es in Ihrem Wohngebiet gefährlich ist, nachts allein auf die Straße zu gehen, dann möchten Sie wahrscheinlich einen Hund, der zumindest so aussieht, als ob er Sie beschützen würde.

Sollten Sie bereits einen Hund besitzen, dann ist es beim Spielen und Kämpfen von Vorteil, wenn beide ungefähr gleich groß sind. Wenn Hunde unterschiedlicher Größe miteinander toben, dann kann der kleinere oft erhebliche Verletzungen davontragen. Besonders bei Kämpfen während der Eingewöhnungsphase können die Verletzungen beim kleineren Tier durchaus tödlich sein.

Rüde oder Hündin?

Wenn Sie sich für einen Rüden entschieden haben, stehen die Chancen für Sie besser. In Tierheimen findet man etwas mehr Rüden als Hündinnen, da viele zukünftige Hundehalter Hündinnen vorziehen, weil diese als gehorsamer und unterwürfiger gelten. Es ist zwar richtig, dass Rüden – besonders in der Jugendzeit – eher in Raufereien verwickelt sind, Hündinnen können jedoch genauso in Schwierigkeiten geraten.

Manche Hunde wurden körperlich oder seelisch misshandelt. Gerade sie sind oft die besten Hausgenossen.

Auf vier Hündinnen kommen etwa sechs Rüden, die zum Verhaltenstherapeuten gebracht werden müssen. Rüden sind tendenziell etwas aggressiver, was Probleme verursachen kann, wenn man die Hunde nicht früh in die richtige Richtung bringt. Ein gut verträglicher Rüde ist jedoch ein besserer Gefährte als eine schwierige Hündin und da der Charakter eines erwachsenen Hundes bereits ausgebildet ist, sollten Sie sich nicht von Vornherein auf ein bestimmtes Geschlecht festlegen. Wenn Sie allerdings bereits einen Hund besitzen, dann sollten Sie schon darauf achten, ob Sie sich einen Rüden oder eine Hündin holen. Ein Rüde und eine Hündin kommen meistens viel besser miteinander zurecht als zwei Hunde gleichen Geschlechts. Doch auch das hängt wiederum vom Charakter des einzelnen Hundes ab (mehr Informationen über die Auswahl eines Hundes, wenn bereits ein anderer vorhanden ist, finden Sie auf Seite 15).

Kastriert oder nicht?

Viele der größeren Tierheime kastrieren routinemäßig alle Tiere. Dies geschieht, weil einfach zu viele Haustiere kein geeignetes Zuhause finden.

Im Allgemeinen bieten kastrierte Tiere viele Vorteile. Kastrierte Rüden haben kaum Raufereien mit anderen Rüden, versuchen nicht mehr, Polstermöbel

Jung oder alt? Über das Alter wird man sich oft am schnellsten einig.

oder Personen zu besteigen und versuchen nicht auszureißen, wenn in der Nähe eine Hündin läufig ist. Bei kastrierten Hündinnen entfallen die halbjährlich auftretenden Unannehmlichkeiten mit der Läufigkeit. Außerdem treten bei kastrierten Tieren in späteren Jahren viel weniger hormonell bedingte Beschwerden auf.

Alter

In den Tierheimen werden mehr jüngere Hunde – meistens zwischen einem und zwei Jahren alt – abgegeben als ältere. Je jünger ein Hund ist, desto aktiver ist er, weil er erst – wie der Mensch auch – mit zunehmendem Alter etwas ruhiger wird. Das Benehmen eines jungen Hundes ist auch nicht immer das beste, weil die Menschen nach dem Kauf eines Welpen diesen oft vernachlässigen und ihn dann im Tierheim abgeben oder aussetzen, sobald er dem „süßen" Welpenalter entwachsen ist.

Ein junger Hund hat zwar noch nicht so festgefahrene Gewohnheiten und passt sich einem neuen Lebensstil besser an, doch auch ältere Hunde sind durchaus noch anpassungsfähig. Sie können auch einem alten Hund noch neue Tricks beibringen, auch wenn es etwas länger dauert als bei einem jungen Hund. Ältere Hunde haben eine geringere Lebenserwartung, was von Vorteil ist, wenn Sie selbst schon etwas älter sind. Auch macht es ihnen meistens nichts aus, wenn Sie allein zu Hause bleiben müssen, während Sie zur Arbeit gehen. Oft haben sie auch schon lange als unkompliziertes Haustier gelebt.

‚Sie können auch einem alten Hund noch neue Tricks beibringen...'

Art des Felles

Die Fellarten lassen sich grob unterteilen in kurzes (Labrador), mittellanges (Collie oder Spaniel), langes bzw. dickes Haar (Samojede oder Bearded Collie) und Fell, das regelmäßig getrimmt werden muss (Pudel). Langes bzw. dickes Haar und Fell, das getrimmt werden muss, braucht besondere Pflege, darüber sollten Sie sich im Voraus klar sein. Kurzhaar setzt sich so tief in Kleidungsstücken fest, wie Sie es nie für möglich halten würden und mittellanges Fell scheint sämtlichen Schmutz in sich aufzusaugen. Für jeden Haartyp gibt es Vor- und Nachteile: Wie Ihre Wahl auch ausfällt, stellen Sie sich auf zusätzliche Arbeit ein.

CHARAKTEREIGENSCHAFTEN

Der Charakter eines Hundes ist wichtiger als sein Aussehen.

Rasse

Ursprünglich wurden die einzelnen Hunderassen gezüchtet, um im Dienst des Menschen verschiedene Aufgaben zu übernehmen, und daraus sind unterschiedliche Charaktereigenschaften und Fähigkeiten entstanden. Wenn Ihr Herz an Rassehunden hängt, dann sollten Sie sich in einschlägigen Büchern über die Charaktereigenschaften kundig machen. Versuchen Sie aber, zwischen den Zeilen zu lesen! In Büchern werden die Nachteile einer Hunderasse oft verschwiegen, doch Sie können Sie selbst herausfinden. Denken Sie daran, dass jede positive Eigenschaft auch ihre Schattenseite hat, wenn Sie nicht richtig damit umgehen oder sie nicht zu Ihrem Lebensstil passt. So steht „lebhaft" z. B. für „anstrengend", „entschlossen und willensstark" für „stur und dominant" und „guter Wachhund" für „aggressiv". Fragen Sie Leute, die einen Hund der gewünschten Rasse besitzen, nach seinen Vor- und Nachteilen.

Kreuzungen aus Rassen wie dem Collie bringen von Natur aus einen starken Jagd-, Spiel- und Beschäftigungstrieb mit.

GENETISCHE EIGENSCHAFTEN UND VERANLAGUNGEN

Im folgenden sind einige Richtlinien aufgeführt, die einen Querschnitt durch die beschriebenen Rassen und Kreuzungen darstellen. Es ist natürlich möglich, dass die Beschreibungen auf manche Hunde dieser Kategorien nicht zutreffen.

BORDER COLLIE
Sehr aktiv; neigt zum Ängstlichsein, zu Geräuschempfindlichkeit und Angstbeißen; starke Bindung an den Besitzer; treu; jagdfreudig; verspielt; großes Bewegungsbedürfnis; braucht oft einen erfahrenen Besitzer.

COLLIE-KREUZUNGEN
Sehr folgsam; neigt zu Scheuheit; geräuschempfindlich; kann aus Angst zuschnappen; leicht zu ängstigen; sensibel; starke Bindung an den Besitzer; treu, verspielt; jagdfreudig; aktiv und energiegeladen.

DOBERMANN
Sensibel; unter Umständen willensstark; kann draufgängerisch und schwerfällig sein; starke Bindung an seinen Besitzer.

DEUTSCHE SCHÄFERHUND-KREUZUNGEN
Guter Wachhund, der jedoch zu ausgeprägtem Revierverhalten neigt, besonders wenn er scheu oder ängstlich ist. Starke Bindung an den Besitzer; treu; sensibel; sehr liebevoll zu Familienmitgliedern; jagdfreudig; oft recht bellfreudig.

GREYHOUND
Freundlich; eigenständig mit keiner zu starken Bindung an den Besitzer; lauf- und jagdfreudig; im Haus jedoch ruhig; ausgeprägter Beuteinstinkt bei kleineren Tieren.

LABRADOR-KREUZUNGEN
Weniger folgsam als Collie-Kreuzungen; im Allgemeinen gutmütig und tolerant; verspielt; oft stürmisch; als Welpe oft destruktiv; eignet sich für betriebsame Haushalte.

SPANIEL
Normalerweise sehr unterwürfig; verspielt und gefällig; freundlicher, liebenswerter Charakter; guter Familienhund bei richtiger Aufzucht; besitzergreifend wenn es um Futter und Spielzeug geht; braucht viel Bewegung.

STAFFORDSHIRE BULL TERRIER
Unter Umständen problematisch mit anderen Hunden, zu Menschen jedoch oft sehr freundlich; kann sehr bellfreudig sein; körperlich völlig unsensibel, kann an der Leine ziehen; unter Umständen ein guter Familienhund, der gern spielt; aggressiv, wenn man ihn ärgert.

TERRIER-KREUZUNGEN
Lebhaft; neugierig; eigenständig; sehr charakterstark; aggressiv, wenn man ihn ärgert; kann sehr willensstark sein.

Wenn Sie Kinder haben ist es wichtig, einen Hund auszuwählen, der an sie gewöhnt ist und ihre Gesellschaft genießt.

Hunde, die zum Arbeiten gezüchtet wurden wie z. B. Hirten-, Jagd- und Schweißhunde, verfügen oft über eine natürliche Energiereserve, die sie den ganzen Tag aktiv sein lässt. Für einen normalen Haushalt ist diese Energie oft zu viel, so dass sich der Halter ein geeignetes „Ventil" überlegen muss. Im Gegensatz dazu neigen Ausstellungshunde oft – aber auch nicht immer - von ihren Erbanlagen her eher zur Trägheit. Kreuzungen und Mischlinge haben verschiedene Gene geerbt und der Vorteil bei diesen Hunden ist, dass die Gene ihr Potenzial bereits entfaltet haben und Sie genau sehen, was für einen Hund Sie bekommen, wenn Sie ihn erwachsen übernehmen.

Verträglichkeit mit Kindern

Sie müssen sich darüber im Klaren sein, wie wichtig es für Sie ist, dass sich Ihr neuer Hund mit Kindern verträgt. Dies gehört zu den wichtigsten Erwägungen, wenn Sie selbst Kinder oder Enkelkinder haben oder wenn Sie regelmäßig Besuch von Kindern bekommen.

Seien Sie sich bewusst, dass sich Kinder stark unterscheiden und dass ein Hund, der mit älteren Kindern groß wurde, sich unter Umständen nicht mit Kleinkindern verträgt, die ihn überrumpeln, zwicken und an den Ohren ziehen. Teenager, die oft eine schwierige Zeit durchleben, waren vielleicht einmal grausam zu einem Hund und dieser verhält sich dann allen Menschen dieser Altersstufe gegenüber sehr abweisend. Vielleicht wurde gerade der Hund, der all Ihren Anforderungen entspricht, von Schulkindern geärgert und Sie haben drei davon zu Hause.

Verträglichkeit mit anderen Tieren
Wenn Sie eine Katze, ein Kaninchen oder einen Vogel besitzen, dann brauchen Sie einen Hund, der diese Tiere nicht als seine Beute betrachtet und sie jagt. Besonders Katzen leiden oft unter der Anwesenheit eines neuen Hundes und ziehen es eventuell sogar vor, im Freien statt im Haus zu leben. Einen Hund zu finden, der sich schnell mit einer Katze anfreundet ist nicht so einfach, aber wenn Sie Katzenbesitzer sind, ist es unumgänglich.

Verträglichkeit mit fremden Menschen
Überlegen Sie sich, wie oft Sie Besuch bekommen und mit wie vielen fremden Menschen Sie und Ihre Familie regelmäßig verkehren. Dann können Sie entscheiden, wie wichtig es ist, dass Ihr neuer Hund Fremden ohne Frucht und Vorbehalte begegnet.

Wenn Sie ein ruhiges Leben in einer abgeschiedenen Gegend führen, spielt es keine Rolle, ob Ihr Hund sich sozial verhält oder nicht; in diesem Fall ist es sogar von Vorteil, wenn der Hund Sie und Ihren Besitz vor Eindringlingen beschützen will. Wenn Sie jedoch zu Hause arbeiten oder in einem Haushalt leben, in dem es geschäftig zugeht, wenn Sie gern mit anderen Hundebesitzern ein Schwätzchen halten und Ihren Hund überallhin mitnehmen möchten, dann brauchen Sie einen freundlichen, geselligen Gefährten.

Verträglichkeit mit anderen Hunden
Zwei Überlegungen sollten Sie in diesem Zusammenhang anstellen: Wie wichtig ist es, dass sich Ihr neuer Hund mit einem anderen, zur Familie gehörenden Hund oder mit einem Hund, den Sie regelmäßig treffen, verträgt? Und wie wichtig ist es, dass er auf Spaziergängen mit anderen Hunden auskommt?

Ein Hund, der Fremde verbellt, eignet sich nicht für jede Familie.

Das Sozialverhalten Ihres neuen Hundes ist auf Spaziergängen ausschlaggebend.

Die meisten Hunde gewöhnen sich an andere Artgenossen, die sie regelmäßig treffen, vor allem, wenn man sie einander richtig vorgestellt hat. Für den Umgang mit Hunden, die man draußen trifft, ist jedoch mehr an sozialem Verhalten gefordert. Es ist nicht problematisch, mit einem ängstlichen oder aggressiven Hund auf dem Land spazieren zu gehen, kann aber in einem stark bevölkerten Park sehr anstrengend sein.

Bewegungsbedürfnis

Ein Hund, der immer sich immer erwartungsvoll nach dem nächsten Spaziergang sehnt und sich sofort erhebt, wenn Sie auch nur die geringste Bewegung machen, eignet sich nur für eine aktive Person mit viel Bewegungsdrang und Freude an langen Spaziergängen. Wenn Sie sich nicht dazu zählen, sollten Sie einen Hund wählen, dessen Glück aus einem weichen Bett und einer gelegentlichen Runde um den Häuserblock besteht. Wenn Sie sich einen Hund suchen, der das gleiche Bewegungsbedürfnis wie Sie selbst besitzt, dann verhindern Sie damit, dass Ihr Hund aufgrund von Bewegungsmangel unzufrieden und lästig wird. Und sich selbst ersparen Sie lange Wanderungen, wenn Sie eigentlich lieber gemütlich zu Hause ein Buch lesen würden.

Diese Abstimmung des Lebensstils ist die Grundlage für eine stressfreie Hundehaltung.

Außerdem müssen Sie den Spieltrieb des neuen Hundes mit ihrem eigenen abstimmen. Manche Hunde sind sehr verspielt und legen Ihnen ständig ein Spielzeug vor die Füße, um Sie zum Spielen aufzufordern. Wenn dies nicht Ihre Sache ist, dann sollten Sie sich für einen Hund entscheiden, der kein besonderes Interesse am Spielen zeigt.

Für Hunde mit großen Energiereserven kann es schwirig sein, den ganzen Tag zu schlafen und auf ihren berufstätigen Besitzer zu warten. Wenn Sie Ihren Hund längere Zeit allein lassen müssen, dann ist es vernünftig, einen zu wählen, der gern und viel schläft und keinen aktiven Hund oder Junghund, der sich mit der Zeit langweilen wird und dann Probleme verursacht.

Ein Hund, der gern tobt und spielt, muss auch zu Ihrem Lebensstil passen.

Wie viel Eigenwille?

Draufgängerische Hunde fühlen sich wohler bei willensstarken Menschen, sanfte Hunde bei sensiblen Personen. Sie müssen sich darüber klar werden, mit wie viel Nachdruck Sie die von Ihnen aufgestellten Regeln bei Ihrem Hund durchsetzen können. Wenn Sie oder andere Familienmitglieder einen großen Eigenwillen besitzen, dann sollten Sie sich einen Hund mit starkem Charakter auswählen, da ein schwacher Charakter leicht von Ihnen „überrollt" werden könnte. Charakterstarke Hunde verfügen meistens über mehr Geist, sind vertrauensvoll und unabhängig und lernen schneller.

Wenn Sie jedoch ein sanfter Mensch sind, der sehr tolerant und nachgiebig ist, dann sollten Sie sich einen sensiblen, unterwürfigen Hund anschaffen. Würden Sie sich einen charakterstarken Hund auswählen, könnte dieser bei einer günstigen Gelegenheit versuchen, sich über Sie zu stellen. Ein sanfter Hund und ein sensibler Halter bauen oft eine gegenseitige enge, auf Vertrauen basierende Bindung auf. Sanftmütige Hunde sind oft auch Kindern und anderen Tieren gegenüber toleranter, sind sich in heiklen Situationen ihrer Stärke nicht bewusst und reagieren deshalb nicht aggressiv.

Wie viele Streicheleinheiten?

Von Natur aus berühren oder liebkosen sich Hunde nicht, außer beim Kämpfen oder beim Geschlechtsakt, während wir Menschen als Zeichen der Zuneigung einander umarmen oder Tiere streicheln. Hunde müssen erst lernen, dieses menschliche Verhalten zu tolerieren und zu genießen. Manche Hunde brauchen mehr Streicheleinheiten als andere. Wenn Sie ein Mensch sind, der seinen Hund gern streichelt und liebkost, dann sollten Sie sich einen Hund auswählen, der Freude daran hat, sonst wird es für Sie eine Enttäuschung sein, dass er sich abwendet, wenn Sie ihn anfassen möchten.

Wie viel Ausbildung?

Man kann alle Hunde ausbilden, manche lernen jedoch schneller als andere. Einige Hunde kennen bereits das eine oder andere Kommando, die Mehrzahl hört jedoch nur auf ‚Sitz'. Wenn Sie Wert auf einen

‚Wenn Sie ein sanfter Mensch sind, der sehr tolerant und nachgiebig ist, dann sollten Sie sich einen sensiblen, unterwürfigen Hund anschaffen. Würden Sie sich einen charakterstarken Hund auswählen, könnte dieser bei einer günstigen Gelegenheit versuchen, sich über Sie zu stellen.'

Wenn Sie oft von zu Hause weg sind, ist es wichtig, einen Hund zu finden, dem Alleinsein nichts ausmacht.

Gegenüberliegende Seite unten: Geschultes Tierheimpersonal wird Ihnen bei der Auswahl Ihres Hundes helfen und Ihnen genaue Informationen geben.

gehorsamen Hund legen, dann sollten Sie sich einen aussuchen, der lernwillig ist (siehe Seite 32) und sich die Kenntnisse aneignen, die nötig sind, um ihn selbst auszubilden.

Wie viel Eigenständigkeit?

Vielen Hunden gefällt es nicht, von ihren Besitzern getrennt zu sein. Jeder Hund wird ab und zu mal allein gelassen, wenn Sie ihn jedoch regelmäßig zu Hause lassen müssen, dann sollte es ein Hund sein, der gern allein ist. Hunde, die sich unglücklich fühlen, sind destruktiv, laut oder nicht mehr stubenrein. Es wäre unklug, sich für einen solchen Hund zu entscheiden, wenn Sie wissen, dass er nicht ständig um Sie sein kann.

WEITERE EIGENSCHAFTEN

Es gibt noch weitere, hier nicht aufgeführte Eigenschaften, die typisch für Sie und Ihre Familie sind. Stellen sie sich vor, wie der Alltag für Ihren Hund aussehen wird und schreiben Sie sich alle Eigenschaften auf, die Ihr Hund besitzen muss, um damit fertig zu werden. Wenn Sie z. B. vorhaben, Ihren Hund mit an den Arbeitsplatz zu nehmen, dann sollte er gern Auto fahren. Probleme mit dem Autofahren kann man in den Griff bekommen (siehe Seite 144). Wenn Ihr Hund also sehr oft Auto fahren muss, dann ist es vernünftiger, einen auszuwählen, der Freude daran hat.

Wo findet man Hunde aus zweiter Hand?

Sobald Sie Ihre Liste mit den körperlichen Merkmalen und Charaktereigenschaften zusammengestellt haben, sollten Sie sich als Nächstes auf die Suche nach einer Stelle machen, wo Sie einen Hund adoptieren können. Davon gibt es viele. Hauptanlaufstellen sind vor allem die Tierheime, Tiernotdienste der Zuchtverbände, aber auch durch Vermittlung von Freunden oder über eine Anzeige können Sie einen ungewollten Hund bekommen, wobei letzteres allerdings nicht zu empfehlen ist.

Wenn Sie nach einem bestimmten Hund suchen, dann sollte Ihre Familie und alle, die regelmäßig mit ihm zu tun haben werden, mit dabei sein. Es ist äußerst wichtig, dass jeder den Hund mag und mit ihm genau so gut auskommt wie Sie selbst.

TIERVERMITTLUNGSSTELLEN UND TIERHEIME

Es gibt viele Vermittlungsstellen, die mit ihren Filialen im ganzen Land vertreten sind: Der Verein für das deutsche Hundewesen e. V. (VDH), der Tierschutzbund und die Tierschutzvereine. Darüber hinaus gibt es viele kleine, eigenständige Tiernotdienste und auch die Tierärzte können weiterhelfen. Die großen Tierheime beherbergen oft so viele Tiere auf einmal wie die überregionalen Tiervermittlungsstellen über das ganze Land verteilt. Für Sie bedeutet das zwar eine größere Auswahl, aber auch weniger Informationen über das einzelne Tier.

Bestimmt befindet sich auch in Ihrer Gegend eine Vermittlungsstelle oder ein Tierheim. Um herauszufinden, was für Sie das Beste ist, fragen Sie andere Besitzer von Tierheimhunden nach ihren Erfahrungen, setzen sich mit der örtlichen Hundeschule in Verbindung (wo viele ‚Problemhunde' aus zweiter Hand landen) und erkundigen sich bei Ihrem Tierarzt, was dieser empfehlen würde.

Tadellose Unterbringung ist dabei weniger wichtig als eine gute Tierheimleitung. Wenn sich das Personal täglich mit den

TIPP

Nehmen Sie immer Ihre ganze Familie mit, wenn Sie sich im Tierheim nach einem neuen Hund umsehen.

Verhaltensstörungen treten eher in Tierheimen auf, deren Mitarbeiter keine Zeit haben, mit den Tieren zu spielen und sich mit ihnen abzugeben.

Hunden beschäftigt und mit ihnen spielt, wird sich Ihr neuer Hund viel leichter bei Ihnen eingewöhnen. Außerdem kennen die Mitarbeiter die einzelnen Tiere, können Sie bei Ihrer Wahl beraten und Sie bekommen den wahren Charakter eines Hundes zu sehen und nicht die eingesperrte „Zwingerversion".

Wenn Sie sich einen Hund über eine angesehene Vermittlungsstelle besorgen, dann haben Sie den Vorteil, dass Sie über den Hund gut informiert werden, das Tier gesund ist und vor der Übergabe an Sie untersucht wird. Meistens ist das Tier auch geimpft und kastriert. Man sollte Ihnen überdies nützliche Tipps für eine erfolgreiche Eingewöhnung geben und auch noch danach für Sie da sein, falls Probleme mit dem Hund auftreten. Wenn es trotz aller Bemühungen schwerwiegende Probleme gibt, dann sind die Vermittlungsstellen bereit, den Hund wieder zurückzunehmen und ein anderes Zuhause für ihn zu finden.

Diese ausgezeichnete Betreuung ist für die Vermittlungsstellen sehr teuer, so dass es angebracht ist, ihnen bei Abholung des Hundes eine großzügige Spende zukommen zu lassen. Denken Sie daran, dass sie ihre Arbeit nur durch Spenden finanzieren: Keine Vermittlungsstelle erhält staatliche Zuschüsse.

Beim Besuch eines kleineren Tierheims kann es sein, dass Sie zunächst keinen passenden Hund für sich finden. Seien Sie deswegen nicht entmutigt, sondern gehen Sie einige Tage später noch einmal dorthin, dann wurden bestimmt wieder neue Hunde abgegeben. Freundliche, leicht umgängliche Hunde finden schnell ein neues Zuhause, so dass Sie das Tierheim oft besuchen sollten, um bei der Ankunft neuer Hunde anwesend zu sein.

VERMITTLUNGSSTELLEN DER ZUCHTVERBÄNDE

Wenn Sie sich für eine bestimmte Hunderasse interessieren und lieber einen erwachsenen Hund als einen Welpen aufnehmen würden, dann sollten Sie eine Vermittlungsstelle des entsprechenden Zuchtverbandes kontaktieren. Der VDH wird Ihnen dabei behilflich sein.

Die Vermittlungsstellen der Zuchtverbände sind von der Qualität her sehr unterschiedlich. Einige sind sehr gut, andere wiederum weniger gut. Sie werden normalerweise von einem Züchter geleitet, der Erfahrungen mit einer bestimmten Rasse hat, was jedoch nicht heißen muss, dass er die richtigen Hunde an zukünftige Besitzer vermitteln kann. Erkundigen Sie sich, welche Erfahrungen andere Leute gemacht haben und fragen Sie in ihrem örtlichen Tierheim nach, da die Vermittlungsstellen meistens in

Kontakt miteinander stehen. Auch Ihr Tierarzt kann eine wertvolle Informationsquelle sein.

VERMITTLUNG DURCH FREUNDE

Dies ist eine der besten Möglichkeiten, da Sie hier Hund und Besitzer kennen. Ein guter Freund wird Ihnen keinen Problemhund übergeben, ohne es Ihnen vorher zu sagen. Andererseits ist es unwahrscheinlich, dass ein guter Freund von Ihnen gerade zu dem Zeitpunkt seinen Hund abgeben möchte, wenn Sie einen suchen. Wenn Sie einen Hund zu sich nehmen, nur um einem Freund einen Gefallen zu tun und nicht weil Sie wirklich einen wollen, dann sollten Sie sich diesen Schritt reiflich überlegen und durchdenken, was die Haltung eines Hundes alles mit sich bringt.

VERMITTLUNG DURCH EINE ANZEIGE

Das ist wahrscheinlich die schlechteste Art, den idealen Hund zu finden. Anzeigen im Stil von "in gute Hände abzugeben" entpuppen sich für den neuen Besitzer als Tretfallen, weil Sie bereits Emotionen dem Tier gegenüber entwickeln, ohne es gesehen zu haben. Sie lesen sich die Beschreibung durch, hören sich am Telefon seine guten Eigenschaften an und wenn Sie vor der Tür stehen, überlegen Sie sich bereits, wo Sie das Körbchen hinstellen und welche Farbe das Halsband haben soll!

Wenn der Hund keine offensichtlichen Mängel in Charakter und Verhalten aufweist, ist es sehr schwierig eine objektive Entscheidung zu treffen, weil Sie zusätzlich noch unter dem Druck des Besitzers stehen, der das Tier verkaufen möchte. Wenn dieser dann noch zu einer Art emotionaler Erpressung übergeht, werden Sie kaum widerstehen können, vor allem nicht, wenn Ihre Familie dabei ist. Es ist ratsam, von dieser Art der Hundevermittlung Abstand zu nehmen, wenn Sie Ihre Emotionen nicht absolut unter Kontrolle haben.

Warum werden Hunde vermittelt?

Menschen geben Ihre Hunde aus den verschiedensten Gründen ab. Oft sind es äußere Umstände, die es ihnen unmöglich machen, den Hund länger zu behalten. Die Besitzer sterben, verlieren ihr Haus, werden ins Ausland versetzt, lassen sich scheiden oder fühlen sich bisweilen vom Alltagsdruck und einem Hund zusätzlich überfordert. Etwa 40 Prozent der Hunde werden aus diesen Gründen in den Tierheimen abgegeben und nicht etwa, weil sie Verhaltensstörungen aufweisen.

Die restlichen 60 Prozent werden abgegeben, weil ihr Verhalten alles andere als umgänglich ist. Ein Großteil dieser Tiere weist keine schlimmen Verhaltensstörungen auf, so dass man sie in einem liebevollen Zuhause unterbringen kann. Bei diesen Hunden handelt es sich meistens um Jungtiere, die von ihren Besitzern während der Zeit des Heranwachsens vernachlässigt wurden. Bei ihnen muss man etwas Arbeit investieren, um aus ihnen gute Gefährten zu machen.

Hunde, die in ihrem ersten Zuhause als problematisch galten, können bei ihrem nächsten Besitzer gutes Verhalten zeigen, wenn man sie mehr beschäftigt.

Ein kleiner Prozentsatz von Tierheimhunden weist spezielle Verhaltensstörungen auf, bzw. verursacht Probleme, mit denen die Besitzer nicht fertig werden. In den ersten Lebensjahren eines Hundes kann sein Besitzer das Problem eventuell noch überspielen, wenn jedoch einschneidende Veränderungen, wie eine Scheidung oder ein Umzug eintreten, wird der Problemhund zu viel. Ein Hund mit einwandfreiem Verhalten kann sich auch schwierigen Lebensumständen perfekt anpassen, ein Problemhund dagegen wird in Krisenzeiten viel eher abgegeben. Diese Hunde nehmen ihre Verhaltensstörungen dann in ihr neues Heim mit. Man kann etwas dagegen unternehmen, doch die neuen Besitzer müssen sich des Problems bewusst sein, bevor sie ihre Wahl treffen. Sie müssen ebenfalls darüber informiert werden, wie sie das Problem verringern oder aus der Welt schaffen können.

STREUNER

Streunende oder ausgesetzte Hunde, deren Besitzer sich nach einer bestimmten Zeit nicht gemeldet haben, werden oft zur Adoption frei gegeben. Leider ist über diese Hunde nichts bekannt. Nur ein geringer Prozentsatz von ihnen ist wirklich von zu Hause weggelaufen, die Mehrzahl gehörte Besitzern, die sich nicht um ihre Tiere gekümmert haben oder die verantwortungslos gehandelt und die Hunde nicht ins Tierheim gegeben haben. So viel sei über die Vorbesitzer von streunenden Hunden gesagt: Es überrascht nicht, dass es unter ihnen etwas mehr Problemhunde gibt als unter den Tieren, die von ihren Besitzern abgegeben werden.

Trotz allem sollte man Streunerhunde nicht unberücksichtigt lassen. Die meisten von ihnen kann man an Menschen vermitteln, bei denen sie sich gut eingewöhnen. Sie brauchen allerdings mehr Aufmerksamkeit, um ihren Charakter entfalten zu können.

Verlässliche Informationen?

Seriöse Vermittlungsstellen achten darauf, von den Vorbesitzern ausführliche Informationen über den Hund zu bekommen, doch leider sagen nicht alle Besitzer die Wahrheit. Entweder sie schämen sich, dass sie einen Problemhund besitzen oder sie sind gar nicht in der Lage, das Problem zu erkennen oder aber sie denken, ihr Hund hätte eine größere Chance vermittelt zu werden, wenn sie die schlechten Eigenschaften verschweigen. Ein gutes Tierheim verfügt jedoch über erfahrene Mitarbeiter, die in der Lage sind, die Wahrheit herauszufinden und viele Informationen zu erhalten.

Gute Tierheime beschäftigen außerdem ausgebildete Pflegepersonen, die das Verhalten und den Charakter eines Hundes beobachten, solange er im Zwinger lebt. Diese Informationen können für den neuen Besitzer von unschätzbarem Wert sein. Charakter und Verhaltensstörungen eines Hundes treten oft zu Tage, sobald er sich im Zwinger eingelebt hat und es stellt sich dann heraus, ob der Vorbesitzer die richtigen Informationen weitergegeben hat.

Die Verlässlichkeit von Informationen über einen Hund hängt von der Qualifikation des Tierheimpersonals ab und schwankt von Tierheim zu Tierheim, ja sogar von Mitarbeiter zu Mitarbeiter erheblich. Ob Sie den Informationen Glauben schenken, liegt an Ihnen. Trotzdem ist es klug, sich durch eine Beurteilung (siehe Seiten 28 bis 41) selbst ein Bild über den Hund zu machen. Machen Sie sich eigene Notizen über den Hund und vergleichen Sie sie dann mit den erhaltenen Informationen. Bei einer Übereinstimmung können Sie davon ausgehen, dass die Informationen des Vorbesitzers und Tierheimpersonals korrekt waren.

Versuchen Sie, wenn möglich, aus schriftlichen Informationsblättern des Tierheims einige Hunde auszuwählen, die Ihren Ansprüchen am nächsten kommen. Dann werden Sie bei Ihrer Wahl nicht so leicht durch das Aussehen eines Hundes beeinflusst. Wenn Sie ein Tierheim mit gut ausgebildetem Personal gefunden haben, dann hören Sie auf dessen Ratschläge, weil es den Charakter der einzelnen Hunde besser kennt als Sie. Nehmen Sie sich die Zeit, um mit dem Personal zu sprechen und Sie werden überrascht sein, wie viele Informationen Sie erhalten können.

Meiden Sie Tierheime, die nur wenig oder gar keine Informationen herausgeben. Die dort lebenden Hunde sind zwar nicht mehr oder weniger wert als andere, doch bei der Auswahl des richtigen Hundes werden Sie die Entscheidung allein und ohne Hilfe treffen müssen.

Das Abgabeverfahren

Die Vorgehensweise bei der Abgabe eines Hundes hängt vom jeweiligen Tierheim ab. Manchmal wird man Ihnen bestimmte Hunde vorführen, manchmal auch alle Hunde und manchmal wird man Ihnen erlauben, sich selbst umzusehen. Wahrscheinlich wird man Sie fragen, ob Sie mit einem bestimmten Hund spazieren gehen möchten, um ihn besser kennen zu lernen. Selbst wenn das Personal beschäftigt ist, bitten Sie es ruhig um Hilfe (siehe Seite 25). Sagen Sie den Mitarbeitern, was für eine Art von Hund Sie suchen und bitten Sie um sämtliche Informationen, die es über ihn gibt. Mit Hilfe dieser Informationen können Sie sich daran machen, die Hunde zu beurteilen, die für Sie in Frage kommen (siehe Beurteilung von Hunden auf den Seiten 28 bis 41).

Wenn Sie sich für einen Hund entschieden haben, dann müssen Sie ihn reservieren lassen. Damit wird Ihnen und dem Tierheimpersonal die Möglichkeit gegeben, darüber zu entscheiden, ob dieser Hund zu Ihnen passt. Den Hund am selben Tag mit nach Hause zu nehmen ist keine gute Idee, weil Sie Zeit für eine objektive Entscheidung benötigen. Das kann meist etwas schwierig sein, wird jedoch nach einigen Tagen der Überlegung besser. Traurigerweise ist diese Bedenkzeit bei vielen der größeren Tierheime nicht möglich, weil der frei werdende Zwingerplatz gebraucht wird. Versuchen Sie, sich nicht zu einer Entscheidung drängen zu lassen. Der neue Hund wird wahrscheinlich für den Rest seines Lebens bei Ihnen sein und wenn Sie jetzt einen Fehler machen, dann kann dies zu viel Aufregung führen.

Ein gutes Tierheim wird Ihnen viele Fragen bezüglich des gewünschten Hundetyps, Ihres Lebensstils und Ihrer Persönlichkeit

Hunde, die im Tierheim mit anderen Hunden und Menschen Kontakt haben dürfen, sind zufriedener als solche, die isoliert gehalten werden.

stellen und Sie fragen, warum Sie einen Hund aufnehmen möchten. Seien Sie auf diese Fragen vorbereitet und beantworten Sie sie geduldig und ehrlich, weil es in Ihrem und im Interesse des Hundes geschieht. Die Mitarbeiter werden auch einen Besuch bei Ihnen zu Hause abstatten wollen, um zu überprüfen, ob Sie bezüglich Ihres Wohnortes die Wahrheit gesagt haben und ob Ihr Grundstück sicher eingezäunt ist. Dabei können Sie weitere Informationen über den Hund erhalten und es können noch letzte Fragen beantwortet werden.

Bei einem Hausbesuch kann die Tierheimmitarbeiterin herausfinden, ob sich der Hund für Sie eignet und Ihre letzten Fragen beantworten.

Wie Sie „Ihren" Hund finden

Wenn Sie sich über die Charaktereigenschaften und körperlichen Merkmale im Klaren sind, dann kann die Suche nach dem geeigneten Hund losgehen. Es ist vielleicht unrealistisch, zu glauben, den perfekten Hund finden zu können. Wenn Sie lange genug suchen, kann es klappen. Wahrscheinlich aber finden Sie einen Hund, der Ihrer Idealvorstellung sehr nahe kommt. Dann können Sie beurteilen, ob Sie mit seinen kleinen Fehlern leben können und ob Sie sein Verhalten dahingehend ändern können, dass er sich Ihrem Lebensstil anpassen kann.

Betrachten Sie realistisch, was erreichbar ist. So ist es unklug, einen scheuen, Fremden gegenüber misstrauischen Hund in einen betriebsamen und lauten Haushalt zu bringen, wo er das Zentrum des Geschehens darstellt. Man kann einen scheuen Hund mit sanftem Einfühlungsvermögen aus der Reserve locken, doch auch dann wird er nie im Mittelpunkt stehen wollen.

Tierheime können selbst bei den abgebrühtesten Menschen eine Reihe von Emotionen auslösen und es ist schwer, den unzähligen, Mitleid erregenden Blicken und bittenden Mienen zu widerstehen. Wenn Sie letztendlich jedoch mit Ihrem Hund glücklich sind und er mit Ihnen, dann hat es sich gelohnt. Lassen Sie sich nicht durch das Argument beeinflussen, der Hund würde eingeschläfert, wenn Sie ihn nicht nehmen. Diese Art emotionaler Erpressung seitens der Tierheime ist abzulehnen, auch wenn sie verständlich ist. Sie können ja nicht alle Hunde aufnehmen und Sie tun dem Tierheim auch keinen Gefallen, wenn Sie einen Hund aufnehmen, nur um ihn später wieder zurück zu bringen, weil er nicht zu Ihrem Lebensstil passt. Behalten Sie bei Ihrer Suche einen klaren Kopf, bis Sie den Hund gefunden haben, der Ihren Anforderungen am nächsten kommt.

Beurteilung des Charakters

Bevor Sie einen Hund beurteilen, vergewissern Sie sich, dass er schon mindestens drei Tage im Zwinger lebt. Neuankömmlinge durchlaufen eine Eingewöhnungsphase, während der sie sich deprimiert und untypisch verhalten. Erst wenn sie sich an ihre neue

Hunde benehmen sich im Zwinger anders als zu Hause. Eine realistische Einschätzung vom Charakter eines Hundes erhalten Sie aus den Informationen des Personals oder durch Ihre selbst durchgeführten Tests.

WAS SIE ZUR BEURTEILUNG BRAUCHEN

Wenn Sie einen Hund beurteilen möchten, sollten Sie Folgendes mitnehmen:

- Ihre ganze Familie
- Belohnungshappen
- Spielzeug (Ball, Spielzeug zum Tauziehen, Quietsch-Spielzeug)
- Bürste
- Ein kleines Handtuch

Umgebung gewöhnt haben – und das dauert mindestens drei Tage -, beginnen sie sich wieder normal zu verhalten. Selbst wenn sich ein Hund an das Zwingerleben gewöhnt hat, verhält er sich anders als in einem Zuhause. Ein Zwinger ist ein wenig einladender Ort, egal wie gut der Hund versorgt wird. Selbst charakterstarke Hunde können hier ihr Vertrauen verlieren und es bieten sich auch weniger Gelegenheiten, sich schlecht zu benehmen. Es ist möglich, dass sich ein Hund im Zwinger und auch noch auf dem ersten Spaziergang sehr gut benimmt und seine Unarten erst zu Tage treten, wenn er sich bei Ihnen eingewöhnt hat. Um nicht einen falschen Eindruck von ihm zu gewinnen, gehen Sie nach dem untenstehenden Beurteilungsschema vor.

So gehen Sie bei der Beurteilung vor

Bei der Beurteilung eines Hundes müssen Sie sich bewusst sein, dass Sie nur einen winzigen Teil seines komplexen Charakters erfassen können. Eine Beurteilung ist zwar bei der Suche nach dem geeigneten Hund notwendig, Hunde reagieren aber auf alles, was ihnen begegnet, unterschiedlich. Der Hund kann z. B. gerade müde, gelangweilt, hungrig, einsam oder verängstigt sein – Emo-

Rechts: Eine Reaktion, die von Interesse zeugt, bedeutet dass der Hund freundlich zu Besuchern ist.

Ganz rechts: Eine Reaktion, die Angst und Aggressivität zeigt, bedeutet dass der Hund Fremden misstraut und Besucher wahrscheinlich verbellen wird.

tionen, die sein aktuelles Verhalten beeinflussen. Auch Ihnen gegenüber wird er sich unterschiedlich verhalten, je nachdem, ob Sie eine Frau oder ein Mann sind und ob Sie jemandem ähneln, den er früher einmal kannte.

TEIL EINS

BEURTEILUNG IM ZWINGER

Das folgende Beurteilungsschema ist nicht wissenschaftlich untermauert, aber es funktioniert und ist es wert, an Andere weitergegeben zu werden. Die Eingangsbeurteilung ist schnell erledigt und kann bei jedem Hund durchgeführt werden, der als möglicher Kandidat angesehen wird.

Nähern Sie sich jedem Hund in der gleichen Weise und führen Sie genau die gleichen Tests durch, damit Sie die Reaktionen vergleichen können. Wenn Sie die Tests an zahlreichen Hunden durchgeführt haben, werden Sie Unterschiede in deren Reaktionen feststellen, die Ihnen bei der Beurteilung des Charakters helfen.

Mit Hilfe dieses sehr einfachen Tests sind Sie mit etwas Geduld und Beobachtungsgabe in der Lage, sich eine Meinung über den Hund zu bilden. Hinter jedem Verhalten steckt eine Motivation, selbst wenn es sich nur um einen Schritt nach vorn oder zurück handelt. Man braucht etwas Erfahrung, um die Beweggründe für ein Verhalten zu erraten, aber jeder kann es tun. Wenn Sie sich überlegt haben, warum der Hund sich so verhalten hat, können Sie mit der Burteilung seines Charakters beginnen und vorhersagen, wie er sich in Zukunft verhalten wird.

Führen Sie den Test in einem kleinen Zwinger mit Maschendrahttür durch, dort wo der Hund schläft oder viel Zeit zubringt. Er sollte nicht durch vorbeilaufende Menschen oder bellende Hunde abgelenkt werden. Wenn der Hund Hunger hat, sich auf einen Spaziergang freut oder gerade von seinem Lieblingspfleger besucht wurde, wird er Ihnen nicht seine ungeteilte Aufmerksamkeit zuteil werden lassen und Ihre Beurteilung kann falsch ausfallen. Denken Sie daran, dass der Hund mindestens schon drei Tage lang im Zwinger gelebt haben muss.

Reaktion auf Fremde

Wenn Sie sich dem Hund zum ersten Mal nähern, sind Sie ein Fremder für ihn und dies ist die ideale Voraussetzung für den Test. Nähern Sie sich dem Hund, der sich in seinem Zwinger befindet, gehen Sie seitlich vor ihm in die Hocke und halten Sie die Augen nach unten gerichtet. Beobachten Sie die Reaktion des Hundes. Nähert er sich Ihnen auf freundliche Art, d.h. wedelt er mit dem Schwanz? Kommt er nur etwas nach vorn und sieht dabei scheu und abwartend aus? Knurrt er leise vor sich hin oder bellt er zur Warnung? Zieht er sich in den hinteren Teil des Zwingers zurück und macht einen verängstigten Eindruck? Versucht er Ihre Aufmerksamkeit durch Bellen und Kratzen am Gitter auf sich zu ziehen? Oder interessiert er sich eher für die anderen Hunde und was sonst so um ihn herum geschieht?

Kommt der Hund freundlich auf Sie zu, dann wird er sich auch bei Ihnen zu Hause so verhalten, wenn Fremde Sie besuchen kommen. Ein Hund, der wachsam, aber doch freundlich wirkt, ist wahrscheinlich ein treuer Wachhund, der nicht unbedingt in einen betriebsamen Haushalt passt. Ein Hund, der die Aufmerksamkeit durch Bellen und Kratzen am Gitter zu erlangen versucht, hat dies wahrscheinlich in seinem früheren Zuhause gelernt und Sie werden ihn gründlich umziehen müssen, damit er diese schlechte Angewohnheit wieder ablegt.

Wenn Sie gesehen haben, wie sich der Hund Fremden gegenüber verhält, drehen Sie sich in der Hocke um, schauen ihn an und sprechen freundlich mit ihm durch das Gitter. Sprechen Sie einige Minuten lang auf ihn ein und beobachten Sie, wie er reagiert.

Körperkontakt

Wenn Sie sich sicher fühlen, dann legen Sie die Finger gegen die Gitterstäbe, fassen Sie aber zunächst noch nicht hindurch. Schmiegt sich der Hund gegen das Gitter, um gestreichelt zu werden? Hunde, die gern gestreichelt werden, setzen sich oft seitlich an das Gitter, um Körperkontakt aufzunehmen. Kleine

Diese Hündin genießt es, gestreichelt zu werden und hat sich so hingesetzt, dass man sie leicht anfassen kann.

Dieser Hund fühlt sich unsicher und leckt sich die Lefzen, um jemanden davon abzubringen, ihn anzustarren.

Hunde, die daran gewöhnt sind, hochgenommen und dann geknuddelt zu werden, springen oft auch aufgeregt auf und ab. Hunde, die zurückhaltend sind, bleiben auf Distanz. Der Grund dafür kann Scheuheit, Mangel an Motivation gestreichelt zu werden oder fehlende Streicheleinheiten in der Vergangenheit sein. Liebe und Zuneigung kommen im Tierheim, trotz aller Bemühungen des Personals, oft zu kurz: Wenn Sie also einen Hund suchen, der Körperkontakt genießt und der Hund kommt an diesem Punkt des Tests nicht auf Sie zu, dann sollten Sie woanders weitersuchen.

Sie werden feststellen, dass es eine Weile dauert, bis der Hund Vertrauen zu Ihnen hat und sich streicheln lässt. Wenn Sie etwas Geduld haben, dann werden Sie dadurch belohnt, dass der Hund sich von Ihnen am Halsbereich anfassen lässt und Sie haben dann einen Begleiter gefunden, der seinem Besitzer treu ergeben ist, Fremden jedoch mit Zurückhaltung begegnet.

Handscheu

An diesem Punkt können Sie auch testen, wie der Hund auf plötzliche Handbewegungen reagiert. Hunde, die oft eine Ohrfeige erhielten, werden der Hand ausweichen oder aggressiv reagieren. Führen Sie vor den Augen des Hundes eine plötzliche Handbewegung durch. Ein Hund, der nie misshandelt wurde, wird wahrscheinlich kurz zwinkern und mit dem Schwanz wedeln. Ein geschlagener Hund wird sich mit geschlossenen Augen ducken, ausweichen oder aggressiv werden. Ein Hund, der bei einer erhobenen Hand aggressiv wird, eignet sich nicht für den Umgang mit Kindern. Wenn Sie Kinder haben und der Hund bei einer plötzlichen Handbewegung wie angewurzelt stehen bleibt und Sie anstarrt, dann sollten Sie die Bewegung mehrere Male wiederholen, um zu sehen, ob er Aggressionen zeigt. Dies scheint auf den ersten Blick dem Hund gegenüber unfair zu sein, schlimmer wäre es jedoch, wenn er Ihre Kinder beißt und dann zurückgegeben wird.

Danach sprechen Sie den Hund freundlich an, bis er sich wieder entspannt hat und er sich von Ihren guten Absichten überzeugt hat.

Charakterstärke und Sozialisierbarkeit

Ziehen Sie die Hände wieder zurück und nehmen Sie mit dem Hund Augenkontakt auf. Beobachten Sie seine Reaktion. Starrt er zurück, wendet er den Blick ab, zieht er sich zurück oder zeigt er eine Geste der Unterwürfigkeit, wie Lefzenlecken? Seine Reaktion kann viel über ihn aussagen.

In der Hundesprache kann Starren als Androhung von Aggression verstanden werden. Ein gut sozialisierter, freundlicher und furchtloser Hund hat gelernt, dass der starre Blick von Menschen ein ungefährliches Annäherungssignal ist. Wenn der Hund mit einem freundlichen Ausdruck zurückstarrt und dabei mit dem Schwanz wedelt, ist das ein Zeichen, dass er mit den meisten Menschen gut zurecht kommen wird.

Weniger gut sozialisierte Hunde vermeiden direkten Augenkontakt und wenden sich ab. Das tun übrigens die meisten Hunde. Ein starrer Blick kann bei Hunden Unbehaglichkeit hervorrufen: Manche gähnen, interessieren sich plötzlich für etwas anderes, kratzen sich oder ziehen sich in eine Ecke des Zwingers zurück. Einige Hunde werden auch aggressiv, knurren warnend, zeigen die Zähne oder bekommen einen Wutausbruch, was jedoch selten vorkommt. An den Reaktionen können Sie sehen, ob der Hund mit einer milden Drohung seitens des Menschen umgehen kann und ob sein zukünftiges Verhalten für Sie und Ihre Familie geeignet ist.

Länger andauernder Augenkontakt führt oft zu einer Geste der Besänftigung oder Unterwerfung in Form von Lefzen lecken oder Pfote geben. Zeigt der Hund extreme Unterwürfigkeit, indem er sich auf den Rücken dreht oder immer wieder Pfote gibt, während Sie ihn anstarren, dann besitzt er wohl wenig Aggressionspotenzial in heiklen Situationen und ist eher friedfertig. Ein solcher Hund ist für eine Familie mit Kindern ideal, kann aber eventuell eine Trennung von seinem schützenden Rudel nur schwer ertragen.

Charakterstarke Hunde, zu denen Doberman und Rottweiler zählen, starren oft zurück. Sie scheinen die nächste Bewegung des Menschen abzuwägen und sich trotz Bedrohung stark zu fühlen. Dieser Charakterzug ist ideal für einen Wachhund. Solche Hunde lernen oft sehr schnell und sind recht unabhängig. Bei ernster Bedrohung reagieren diese Hunde jedoch viel leichter aggressiv und sind somit für Familien mit Kindern nicht unbedingt zu empfehlen, außer man kennt ihre Vergangenheit ganz genau.

TIPP

Anstarren und schnelle Handbewegungen empfindet ein Hund als Drohgebärden. Sie sollten dies nur tun, wenn er sich im Zwinger befindet. Für den Hund sind solche Tests nicht angenehm und Sie sollten sie nur durchführen, wenn Sie ein echtes Interesse an ihm haben. Wenn Sie sich nach dem Test nicht ganz sicher sind, dass der Hund in Frage kommt, dann sollten Sie noch woanders schauen.

Lernfähigkeit

Alle Hunde können ausgebildet werden, manche lernen jedoch schneller als andere. Bieten Sie dem Hund einen Belohungshappen an. Wenn er ihn annimmt und gierig frisst, dann können Sie seine Lernfähigkeit testen. Halten Sie das nächste Leckerli außerhalb seiner Reichweite und verhalten Sie sich ruhig. Er wird sich wahrscheinlich setzen. Wenn er etwas anderes unternimmt, um an die Belohnung zu gelangen, wie mit den Pfoten am Gitter kratzen oder sein Maul gegen die Gitterstäbe drücken, dann geben Sie ihm sofort die Belohnung. Machen Sie das Gleiche noch mal und warten Sie, ob er wieder dasselbe Verhalten zeigt, um die Belohnung zu bekommen. Nach einigen Wiederholungen werden Sie bemerken, dass der Hund genau weiß, was er zu tun hat, wenn er das Leckerli erhalten will. Kluge Hunde brauchen dazu nur wenige Versuche, andere eventuell etwas länger.

Lernfähige Hunde sind außerdem recht erfinderisch, wenn es darum geht, an einen Belohnungshappen zu gelangen. Wenn ein Hund nur lange Zeit abwartend sitzen bleibt, dann handelt es sich um einen geduldigen, beständigen Hund, der vielleicht dafür nicht so erfinderisch ist wie andere.

Rechts: Dem Hund wird außerhalb seiner Reichweite eine Belohnung hingehalten. Seien Sie geduldig: Der Hund muss sich überlegen, was er tun soll.

Gegenüberliegende Seite: Der Hund hebt seine Pfote, um an die Belohnung zu kommen. Geben Sie sie ihm sofort, dann wird er nächstes Mal das gleiche Verhalten wieder zeigen.

Weitere wichtige Eigenschaften

Bei den Tests in Teil Eins haben Sie herausgefunden, wie aktiv oder träge ein Hund ist. Ein Hund, der ständig auf- und ab geht und hin- und her hüpft, gehört zu den aktiven Artgenossen. Einer, der gerade die Energie aufbringt, zu Ihnen ans Gitter zu kommen und sich dort hinzusetzen, ist glücklich, wenn er den ganzen Tag verschlafen kann, während Sie Ihrer Arbeit nachgehen.

Während Ihrer Beurteilung werden die Hunde in den benachbarten Zwingern wahrscheinlich bellen oder auf- und ab gehen. Beobachten Sie, welche Reaktion Ihr Testhund zeigt. Verhält er sich aggressiv? Wenn ja, wird er sich wahrscheinlich anderen Hunden in Ihrer Gegend gegenüber genauso verhalten, sobald er sich eingewöhnt hat. Interessiert er sich mehr für andere Hunde als für Sie? Wenn ja, dann ist er wahrscheinlich mit anderen Hunden zusammen aufgewachsen und es könnte schwierig werden, ihn zu einem Hund zu machen, der auf Menschen fixiert ist.

WICHTIGE ZEICHEN

Furcht und Unsicherheit:
- Abgewandter Blick
- Lecken der Lefzen
- Angelegte Ohren
- Gewicht auf Hinterbeine verlagert, um fluchtbereit zu sein
- Knurren

Besänftigung:
- Lecken der Lefzen
- Heben der Pfote
- Auf den Rücken rollen

Wenn Sie eine erste Beurteilung durchgeführt haben, wird ein Mitarbeiter Ihnen weiterhelfen und den Hund aus dem Zwinger holen.

TEIL ZWEI

BEURTEILUNG AUßERHALB DES ZWINGERS

Wenn Sie aufgrund Ihres Tests einen oder mehrere Hunde gefunden haben, die für Sie in Frage kommen, dann können Sie mit Hilfe des zweiten Testteils entscheiden, welcher Hund zu Ihnen passt. Dazu sollten Sie – mit Einverständnis des Tierheimpersonals - den Hund aus dem Zwinger holen.

Einen unbekannten Hund aus seinem Zwinger zu holen, ist immer ein wenig riskant. Sie wissen ja nicht, wie der Hund früher von Fremden behandelt wurde, also sollten Sie mit Vorsicht vorgehen. Andererseits würden Ihnen die Mitarbeiter wohl kaum erlauben, einen Problemhund aus dem Zwinger zu holen. Wenn Sie ihm mit Respekt begegnen, ihn freundlich behandeln, die Dinge langsam angehen lassen und nicht zu viel von ihm erwarten, dann sollte es eigentlich keine Probleme geben. Ein Hund kann Ihnen nicht sagen, wenn er unglücklich ist, so dass Sie auf Zeichen von Unsicherheit achten sollten. Knurren oder Lefzen hochziehen bedeutet, dass der Hund zubeißen könnte und dann sollten Sie sofort zu etwas anderem übergehen. Versuchen Sie nicht, ihn zum Gehorsam zu zwingen, sondern akzeptieren Sie, dass Sie von diesem Hund zu früh zu viel erwartet haben.

Allgemeine Beobachtungen

Vom ersten Moment an müssen Sie den Hund beobachten, damit Sie sich ein Bild von ihm machen können. Ist es einfach, ihn anzuleinen? Beginnt er aufgeregt zu bellen, wenn er merkt, dass jemand mit ihm spazieren gehen will? Hüpft er auf und ab, so dass man ihn nur mit Mühe anleinen kann? Freut er sich, Sie zu sehen, interessiert sich aber nicht für einen Spaziergang? Zieht er draußen stark an der Leine und will als Erster durch die Tür gehen? (siehe Seite 70). Solche Beobachtungen helfen Ihnen, den Hund zu beurteilen und sein künftiges Verhalten vorherzusehen.

Verhalten anderen Hunden gegenüber

Beim Verlassen des Tierheims sollten Sie darauf achten, wie sich der Hund anderen Hunden gegenüber verhält. Geht er den meisten Hunden aus dem Weg und versteckt sich hinter Ihnen, sobald ihn ein anderer Hund verbellt? Erträgt er es, wenn andere Hunde ihn anbellen und bellt nur bei den wildesten Bellern zurück? Geht er mit gesenktem Kopf so schnell wie möglich an ihnen vorbei? Ist er jedem anderen Hund gegenüber aggressiv?

Was das Sozialverhalten von Hunden angeht, so können Tierheime oft vieles verderben. Es gibt fast immer ein paar Hunde, die keine Artgenossen mögen und diese bellen dann und bedrohen die anderen Hunde. Solche Feindseligkeit kann den sanftmütigsten Hund zur Selbstverteidigung treiben und es kann sein, dass sich Ihr Hund der Wahl in dieser Umgebung sein allerschlechtestes Benehmen zeigt.

Wenn Sie die Möglichkeit haben, dann nehmen Sie ihn auf einen Spaziergang mit. Dann können Sie feststellen, wie er sich

Angesichts des wütenden Verhaltens dieses kleinen Hundes, leckt sich der große Schäferhund mit der Zunge über die Schnauze, um ihn zu besänftigen.

außerhalb des Tierheims anderen Hunden gegenüber verhält. Ignoriert er andere Hunde und konzentriert sich aufs Spaziergehen oder die Menschen? Verhält er sich allen Hunden gegenüber aggressiv? Macht es ihm Spaß, mit anderen Hunden zu spielen? Aggressionen gegen andere Hunde sind oft die Folge von Angst und mit Geduld können die meisten Hunde davon befreit werden (siehe Seiten 108 bis 111). Wenn Sie weder die Zeit noch die Erfahrung für ein solches Unterfangen haben, dann ist es besser, wenn Sie die Probleme auf diesem Gebiet rechtzeitig erkennen.

Wenn er einen anderen Hund erblickt hat, dann versuchen Sie, ihn mit einer Belohnung oder einem Spielzeug abzulenken. Gelingt Ihnen das nicht, dann entfernen Sie sich von dem anderen Hund und versuchen es nocheinmal. Am Grad seiner Ablenkung können Sie ablesen, wie leicht oder schwer es später sein wird, ihn in einem Park zurückzurufen, wenn er ins Spiel mit anderen Hunden vertieft ist.

Spielen

Wenn Sie dem Hund etwas Auslauf verschafft haben, dann suchen Sie mit ihm einen ungestörten Ort auf, an dem Sie ihn besser kennen lernen können. Lassen Sie ihn von der Leine, damit er die Gegend etwas erkunden kann. Setzen Sie sich ruhig hin und warten Sie, bis er zu Ihnen zurückkommt. Wie lange dies dauert, zeigt Ihnen, wie verbunden er sich den Menschen fühlt und wie sehr er deren Begleitung schätzt.

Sobald er zurückkommt, zeigen Sie ihm ein Spielzeug, necken ihn etwas damit und werfen es ihm. Rennt er hinterher? Hebt er es auf? Kommt er zu Ihnen zurück, lässt das Spielzeug zu Ihren Füßen fallen, damit Sie es wieder für ihn werfen? Wenn ja, dann gehört dies zu seinen Lieblingsspielen und er ist kein besitzergreifender Hund. Verspielte Hunde sind oft die liebenswertesten Haustiere. Wie lange hält er diese Art von Spiel durch? Wenn er nicht müde wird, dann sollten Sie sich überlegen, ob Ihnen sein Spieltrieb auf Dauer nicht zu viel wird. Versuchen Sie, ihm das Spielzeug wegzunehmen. Knurrt er oder wird er stur? Wenn ja, dann sollten Sie davon ablassen, wenn Sie nicht ausreichend Erfahrung besitzen. Neckt er Sie mit dem Spielzeug und verbeißt sich darin, wenn Sie daran ziehen? Spielt er gern Tauziehen? In diesem Fall besitzt er wahrscheinlich einen starken Charakter. Versuchen Sie, ihn aus der Reserve zu locken, indem Sie aufgeregt auf- und ab rennen und dabei das Spiel-

Dieser Hund ist sehr verspielt und wartet, bis man ihm das Spielzeug wirft.

zeug in der Luft herumwirbeln. Spielt er danach immer noch sanft oder sehr grob? Wenn Sie Kinder haben – vor allem Kleinkinder -, dann kann diese Übung Aufschluss darüber geben, wie vorsichtig er mit seinen Zähnen zubeißen kann oder wie groß seine Beißhemmung ist.

Lassen Sie ihn mit einem Quietschspielzeug spielen. Weicht er zurück oder beißt er darauf herum? Beißt er stark darauf und versucht, es in Stücke zu reißen? Hunde, denen es Freude bereitet, Quietschspielzeuge „umzubringen", jagen oftmals auch gern kleine Tiere. Ihr Beuteinstinkt ist stark ausgeprägt – viele Terrier- und Jagdhunderassen fallen in diese Kategorie. Wenn Sie zu Hause noch eine Katze oder ein anderes kleines Haustier halten, dann sollten Sie sich einen solchen Hund nicht anschaffen.

Wenn der Hund gar nicht spielt, dann kann der Grund dafür sein, dass er nicht weiß wie oder sich nicht entspannt genug fühlt. Geben Sie ihm Zeit, sich zu beruhigen und zu entspannen. Wenn er dann immer noch nicht zum Spielen aufgelegt ist, dann achten Sie besonders darauf, wie er sich anderen Hunden gegenüber verhält. Wenn er ihre Gesellschaft der Ihren vorzieht, dann kann es sein, dass er mit anderen Hunden zusammen aufgewachsen ist und nie gelernt hat, wie man mit Menschen spielt. Solche Hunde können gute Hausgenossen sein, es braucht jedoch eine Weile, bis man ihre Aufmerksamkeit auf Menschen gelenkt hat.

Streicheleinheiten und Fellpflege

Nach dem Spielen sollten sie dafür sorgen, dass sich der Hund wieder beruhigt. Setzen Sie sich auf den Boden und rufen Sie ihn zu sich. Wenn er kommt, dann streicheln Sie ihn behutsam. Wenn Sie merken, er genießt es, dann streichen Sie mit den Händen über seinen Körper, den Schwanz und die Beine. Erlauben Sie ihm wegzugehen, wenn er sich dabei unwohl fühlt und achten Sie auf dementsprechende Anzeichen wie Gähnen, angelegte Ohren oder gesenkter Schwanz. Hören Sie sofort auf, wenn Sie eines dieser Anzeichen bemerken. Wenn er entspannt und glücklich wirkt, dann fahren Sie mit der Prozedur fort. Schließlich können Sie es mit Fellpflege versuchen. Wenn alles gut geht, dann können Sie seine Pfoten nacheinander mit einem Tuch abreiben.

Mit Hilfe dieser Vorgehensweise können Sie beurteilen, wie stark man sich mit dem Hund in der Vergangenheit abgegeben hat und wie wohl er sich dabei fühlt. Sie können dabei auch feststellen, ob er Körperkontakt genießt oder nicht. Ein Hund, dem Streicheln und Bürsten unangenehm sind, kann zwar mit Geduld dazu gebracht werden, es zu mögen. Er eignet sich jedoch weniger für den Umgang mit Kindern, wenn diese nicht ausgesprochen sanft und zurückhaltend sind.

Dieser Hund lässt sich gern anfassen und ist bei der Fellpflege völlig entspannt.

DER HUND AUS DEM TIERHEIM

Dieser Hund genießt die Gesellschaft von Kindern und bleibt ruhig und gelassen, wenn sie ihn anfassen.

Befolgen von Kommandos

Wenn der Hund vor Ihnen steht, dann geben Sie ihm das Kommando „Sitz". Die meisten Hunde kennen diesen Befehl. Wie schnell reagiert er? Müssen Sie den Befehl zwei oder drei Mal wiederholen? Wenn er ihn befolgt, dann loben Sie ihn, lassen ihn aufstehen und wiederholen den gleichen Befehl. Setzt er sich willig und schnell ein zweites Mal hin? Und ein drittes Mal? Seine Bereitwilligkeit, Befehle zu befolgen, gibt Ihnen ein Bild von seinem Gehorsam. Viele Hunde reagieren nur widerwillig bei jemandem, den sie noch nicht kennen, nur die „pflegeleichten", gehorsamen Hunde sind dazu bereit.

Verhalten gegenüber Kindern

Bevor Sie mit Ihren Kindern zusammen einen Hund ausführen, sollten Sie sich beim Tierheimpersonal nähere Informationen einholen. Mit dem von Ihnen bis jetzt gewonnenen Eindruck sollten Sie versuchen, die Zuverlässigkeit der Angaben zu beurteilen, die Sie über den Hund bekommen haben. Das Verhalten eines Hundes gegenüber Kindern einzuschätzen, gehört zu den schwierigsten Dingen überhaupt, so dass Sie sich auf die Informationen der Vorbesitzer verlassen müssen.

Achten Sie darauf, dass Ihre Kinder während der gesamten Beurteilungstests anwesend sind, so dass Sie die Reaktionen des Hundes ihnen gegenüber beobachten können. Wenn Ihre Kinder mit dem Hund spielen, dann können Sie weitere Einblicke gewinnen, ob sich der Hund für Ihre Familie eignet. Wenn Streicheln und Bürsten gut verlaufen sind, dann können Sie nun auch Ihren Kindern erlauben, den Hund vorsichtig zu bürsten, um zu sehen, wie er darauf reagiert. Er sollte die Möglichkeit haben, sich sowohl den Kindern zu nähern als auch sich von ihnen zu entfernen. Ein idealer Familienhund verhält sich in Gegenwart von Kindern einwandfrei und freut sich offensichtlich über ihre Aufmerksamkeit. Wenn Ihnen Zweifel kommen, dann sollten Sie besser auf Ihre innere Stimme hören.

Wenn Sie Kinder haben, ist es unklug, sich für einen Streunerhund zu entscheiden, über den keinerlei Hintergrundinformationen erhältlich sind oder der Schwierigkeiten im Umgang mit Kindern hat. Leider werden viele Hunde von Kindern so lange geärgert, bis sie gegen Kinder aggressiv geworden sind. Diese Hunde könnten zwar mit zurückhaltenden Kindern durchaus umgehen, dennoch ist es besser, sie gehen in kinderlose Familien. Wenn Ihre Kinder schon Teenager sind, brauchen Sie nicht mehr so vorsichtig zu sein und Sie haben eine breitere Auswahl als Familien mit kleinen Kindern.

Wenn Ihre Kinder nicht mehr bei Ihnen wohnen, Sie aber regelmäßig Besuch von Ihren Enkelkindern haben, dann sollten diese möglichst mit ins Tierheim gehen. Ist dies nicht möglich, dann müssen Sie sich auf die Informationen der Vorbesitzer und die Beobachtungen des Tierheimpersonals verlassen.

Weitere wichtige Faktoren

Es gibt noch viele Dinge, die Sie nach einem Treffen mit dem Hund und der Durchführung der Tests nicht beurteilen können: Dazu gehört auch die Frage, wie gut der Hund Reisen verträgt. Trotz allem haben Sie nach den Tests eine klarere Vorstellung von seinem Charakter und Sie können sein künftiges Verhalten besser einschätzen. Wenn er nervös ist und sich vor vielen Dingen fürchtet, dann können Sie damit rechnen, dass er auch nicht gern im Auto fährt.

VERTRÄGLICHKEIT MIT KLEINTIEREN

Eine der schwierigsten Fragen ist die, ob der Hund sich mit Katzen und anderen Haustieren verträgt. Wenn Sie Glück haben, befinden sich im Tierheim gerade ein paar tolerante Katzen, mit denen man die Reaktionen des Hundes austesten kann.

Doch leider sind diese Katzen an den Umgang mit ungestümen Hunden gewöhnt und besitzen so viel Selbstvertrauen, dass neu angekommene Hunde nicht wagen, auf sie los zu gehen. Steht der gleiche Hund jedoch einer Katze gegenüber, die vor ihm davon rennt, erwacht sein Jagdinstinkt und er wird sie mit Vergnügen jagen.

‚Die schlechteste Art, zwei Hunde einander vorzustellen, ist, sie auf engem Raum zusammen zu bringen.'

Diese Beobachtungen dienen nur dazu, Ihnen einen allgemeinen Eindruck von der Aufregung eines Hundes zu vermitteln, wenn er einer Katze gegenüber steht. Wirkt er sehr aufgeregt in Anwesenheit der Tierheimkatze – vor allem wenn es sich um einen Terrier oder Jagdhund handelt, dann sollten Sie sich besser nach einem anderen Hund umsehen, wenn Sie zu Hause Katzen und andere Haustiere halten. Fragen Sie die Mitarbeiter um Rat und versuchen Sie herauszufinden, ob er in seinem früheren Zuhause mit einer Katze zusammen lebte. Hunde mit ausgeprägtem Jagdinstinkt wie Terrier oder Windhundmischlinge, die noch nie mit Katzen zusammen gehalten wurden, bieten keine rosigen Aussichten. Es gibt auch Collies, die so gerne jagen, dass sie jeder Katze das Leben schwer machen. Es hängt ganz vom Charakter des jeweiligen Hundes ab und wie er aufgewachsen ist.

BEKANNTSCHAFT MIT IHREM/N ANDEREN HUND/EN

Wenn Sie einen Hund ausgewählt haben, dann möchten Sie wahrscheinlich wissen, wie er sich mit Ihren anderen Hunden verträgt. Wenn das Tierheim über freies Gelände verfügt, können Sie sie einige Male zusammen lassen, bevor Sie den neuen Hund mit nach Hause nehmen. Die Hunde sind dann schon etwas vertraut miteinander, bevor der neue endgültig in das Territorium des anderen einzieht.

Wenn Sie Ihrem neuen Hund einen anderen Hund vorstellen, dann halten Sie anfangs etwas Abstand, den Sie mit der Zeit verkleinern. Dadurch können sich die beiden Hunde langsam aneinander gewöhnen.

Die schlechteste Art, zwei Hunde einander vorzustellen ist, sie auf engem Raum zusammen zu bringen. Bei einem solchen Treffen kann die ungewollte Nähe dazu führen, dass sich einer der Hunde zu seiner Verteidigung aggressiv verhält. Stattdessen sollten Sie beide in offenem Gelände nebeneinander spazieren führen, mit einem gewissen Abstand zu Anfang. Durch das Gehen wird den Hunden der Druck genommen. Allmählich können Sie ihnen dann gestatten, sich zum Kennen lernen näher zu kommen. Halten Sie die Leinen möglichst locker, um die Körpersignale, die sie austauschen, nicht zu beeinflussen. Mit etwas Glück werden die Hunde miteinander spielen, die meisten ignorieren sich jedoch zu diesem Zeitpunkt noch. Betrachten Sie ein solches Treffen als Erfolg, denn die Hunde brauchen ihre Zeit, um sich aneinander zu gewöhnen – zumindest fand keine Beißerei statt (siehe Seite 51).

Ein Erfolg bei diesem und den darauf folgenden Treffen ist aber keine Garantie dafür, dass die Hunde glücklich miteinander leben werden. Sie müssen noch eine Rangordnung festlegen und dies kann zu Reibereien unter ihnen führen. Wenn jedoch die erste Vorstellung erfolgreich verlaufen ist, dann kann man davon ausgehen, dass sie sich schließlich aneinander gewöhnen werden.

Problemhunde

In jedem Tierheim gibt es Hunde, die erfahrene Besitzer brauchen. Sie haben schwere Verhaltensstörungen, die überwunden werden müssen. Es ist aber immer einen Versuch wert, diese Hunde wieder zu resozialisieren und es gibt Hundeliebhaber, deren Hobby es ist, aus einem schwierigen Hund ein brauchbares Mitglied der Hundegesellschaft zu machen. Meist ist es möglich, einen schwierigen Hund zu ändern, doch dazu sind Einfühlungsvermögen und Erfahrung nötig.

Wenn alle Ihre Bemühungen fehlschlagen, riskieren Sie, den Hund zurückgeben oder einschläfern lassen zu müssen. Haben Sie jedoch Erfolg, dann wissen Sie, dass der Hund ohne Ihre Hilfe wahrscheinlich nicht überlebt hätte. Solche Hunde eignen sich nicht für Anfänger, doch je mehr Erfahrung Sie haben, um so schwierigere Fälle werden Sie übernehmen können. Denken Sie immer an die Menschen in Ihrer Umgebung (Familie, Freunde und Nachbarn) und holen Sie sich deren Zustimmung ein, bevor Sie einen Problemhund zu sich nehmen.

Dieser Hund ist groß, sehr lebendig und Fremden gegenüber ängstlich. Er braucht einen erfahrenen Besitzer, der ihm hilft seine Angst zu überwinden.

KAPITEL 3

Die erste Zeit und neue Bekanntschaften

Arrangieren Sie alles so, dass Sie Ihren neuen Hund am Wochenende abholen können, damit Sie einen Tag zur Verfügung haben, bevor die Arbeitswoche wieder beginnt. Wenn Sie eine Woche Urlaub nehmen, um ihm die Eingewöhnung leichter zu machen, dann gewöhnt er sich daran, Sie den ganzen Tag um sich zu haben und wird nur schwer damit umgehen können, wenn Ihr Alltag wieder beginnt. Viele Hunde schlafen während der ersten Wochen in ihrem neuen Heim sehr viel. Dies kann eine Reaktion auf den Stress sein oder ein Ausdruck von Geborgenheit und Zufriedenheit über sein neues Leben: Der Grund dafür ist nicht bekannt, aber wenn Sie genau in dieser Woche Urlaub nehmen, wird er wahrscheinlich sowieso wenig ansprechbar sein.

Vorbereitungen

Bevor Sie den neuen Hund nach Hause holen, sollte jeder Hausbewohner mit den Regeln einverstanden sein, an die sich der Hund zu halten hat. Entscheiden Sie darüber, ob er ins Schlafzimmer oder aufs Sofa darf und ob er vom Tisch gefüttert werden soll. Sie müssen auch festlegen, wer mit ihm spazieren geht, ihn füttert, mit ihm spielt und ihn pflegt.

Wählen Sie einen Namen für ihn aus und stellen Sie eine Liste mit Befehlen auf, die alle Beteiligten verwenden sollen. Wenn jeder die gleichen Kommandos benutzt und sich an die gleichen Regeln hält, dann wird es für Ihren Hund sehr viel leichter sein, dies zu begreifen. Bestimmen Sie, wo sein Schlafplatz sein soll und machen Sie Ihren Kindern klar, dass er dort nicht gestört werden darf. Der Bereich um seinen Schlafplatz sollte für Kinder tabu sein, damit sich der Hund dorthin zurückziehen kann, wenn er seine Ruhe haben will.

Kaufen Sie ein Halsband und eine Leine aus Leder oder Nylon. Kaufen Sie keine Kette, weil sie Ihre Hände und den Hals des Hundes damit verletzen können. Besorgen Sie Spielzeug, Bürste und ein Körbchen. Sie sollten wissen, welches Spielzeug er besonders mag und welche Bürste Sie für seine Art von Fell benötigen. Kaufen Sie für den Anfang kein teures Körbchen, falls er auf die Idee kommt, es zu zernagen. Für den Anfang genügt ein stabiler Karton, bei dem die Vorderseite herausgeschnitten wurde und einer weichen Decke darin. Später können Sie dann etwas Exklusiveres anschaffen.

Der erste Tag

Wenn Sie Ihren Hund nicht gerade zu Fuß abholen, dann werden Sie als Erstes feststellen können, ob er gerne Auto fährt. Wenn Sie ihn mit dem Auto abholen, dann achten Sie darauf, dass der Hund erst ins Auto springt, wenn alle anderen Mitfahrer bereits eingestiegen sind.

Weisen Sie ihm den Platz zu, den er von jetzt an im Auto immer einnehmen soll. Achten Sie darauf, dass er genügend Platz hat und nicht zu sehr zwischen Kindern „eingequetscht" wird. Gurten Sie ihn an oder setzen Sie ihn hinter ein Hundegitter, dass Sie ihm nicht schon gleich zu Anfang einen Verweis erteilen müssen, wenn er versucht, zu Ihnen auf die Vordersitze zu springen. Ignorieren Sie jegliches schlechte Verhalten im Auto: Damit beschäftigen Sie sich später (siehe Seiten 144 bis 147).

Wenn Sie nicht noch einen anderen Hund besitzen (siehe Seite 49), dann fahren Sie mit ihm direkt nach Hause und gehen mit ihm in den Garten. Lassen Sie ihn von der Leine, damit er alles erkunden kann. Früher oder später wird er sein Geschäft ver-

Lassen Sie Ihren neuen Hund ins Auto springen. Helfen Sie im notfalls, indem Sie ihn langsam hochheben und dabei mit festem Griff halten, falls er sich wehrt.

Lassen Sie den Hund nach der Fahrt zuerst in den Garten, damit er dort sein Geschäft verrichten kann.

Tipp

Achten Sie darauf, dass Ihr neuer Hund sich von Anfang an gutes Benehmen aneignet. Loben Sie ihn, wenn er sich richtig verhalten hat. Korrigieren Sie unerwünschtes Verhalten sanft und nicht durch Schreien oder Schimpfen.

richten. Es lohnt sich, so lange zu warten, selbst wenn es kalt ist und regnet. Loben Sie ihn anschließend überschwänglich und geben Sie ihm zwei bis drei Leckerli. So gewöhnt sich Ihr Hund von Anfang an, wo er sein Geschäft zu verrichten hat. Wenn er sich später noch mal lösen muss, wird er sich darin erinnern und Sie halten Ihr Haus sauber.

Sobald er sich gelöst und den Garten erkundet hat, gehen Sie mit ihm ins Haus. Vom ersten Moment an machen Sie ihn mit Ihren Regeln bekannt. Zuerst wird er Sie nicht verstehen und sich so verhalten, wie er es von seinem letzten Zuhause her gewöhnt war. Wenn er etwas tut, was er nicht soll, dann weisen Sie ihn ruhig zurecht und zeigen ihm, was Sie von ihm erwarten. Versuchen Sie, ihm klar zu machen, dass er etwas falsch gemacht hat. Werden Sie dabei aber nicht wütend oder aggressiv, sonst könnte er verängstigt werden und in die Defensive gehen und das würde den Lernprozess verlangsamen. Wenn er scheu oder sensibel ist, dann gehen Sie sehr behutsam mit ihm um, dass Sie ihm keine Furcht einjagen. Sobald er etwas richtig macht, loben Sie ihn. Auf diese Weise wird er schon bald begriffen haben, was Sie von ihm erwarten.

Wenn er etwa eine Stunde Zeit hatte, sich an Ihr Haus zu gewöhnen, können Sie mit ihm einen Spaziergang machen. Vielleicht muss er mittlerweile wieder sein Geschäft verrichten und die angenehme Erfahrung des Spazierengehens mit Ihnen kann ihm helfen, sich schneller zu Hause zu fühlen. Nehmen Sie ein Spielzeug mit, denn durch gemeinsames Spielen helfen Sie Ihrem Hund, gleich von Anfang an Vertrauen zu Ihnen zu bekommen.

Vergessen Sie aber nicht, dass er weder Sie noch Ihr Zuhause kennt. Sie können ihm nicht begreiflich machen, dass dies nun sein neues Heim ist und er sich keine Sorgen zu machen braucht. Der Hund fühlt sich fehl am Platz, unsicher, weil alles noch ungewohnt für ihn ist und Sie sollten ihm genügend Zeit zur Eingewöhnung geben. Versuchen Sie, seine Gefühle zu verstehen aber lassen Sie jetzt schon keine schlechten Angewohnheiten durchgehen, die Sie ihm später abgewöhnen wollen.

Umgang mit Kindern

Wahrscheinlich hat Ihr neuer Hund Ihre Kinder schon im Tierheim kennen gelernt, doch der erste Eindruck von ihnen zu Hause ist sehr wichtig. Wenn Sie beim Abholen des Hundes die Kinder nicht mitgenommen haben, dann werden sie seine Ankunft mit Spannung erwarten. Es ist überaus wichtig, dass der Hund nicht gleich von den Kindern umringt wird und sie ihn zum Spielen zwingen wollen, bevor sich die erste Aufregung gelegt hat.

Es ist wahrscheinlich am besten, die Kinder zu bitten, den Hund ganz in Ruhe zu lassen, während er im Garten ist. Dann hat er Zeit, alles auszukundschaften und sein Geschäft zu verrichten. Achten Sie besonders auf Kleinkinder, dass diese nicht plötzlich auf den Hund zurennen. Bitten Sie die Kinder, sich im Haus hinzusetzen. Geben Sie ihnen einige Hundeleckerli in die Hand und sagen Sie ihnen, sie sollen warten, bis der Hund das Haus erkundet hat. Dann können die Kinder ihm nacheinander eine Belohnung auf der flachen Hand geben, sobald der Hund zu ihnen kommt.

Halten Sie Ihre Kinder noch fern, während der neue Hund den Garten erkundet. Wenn der Hund gern spielt, dann tun Sie dies, bevor Sie mit ihm ins Haus gehen, dann kann er sich vorher noch etwas austoben.

Hunde lassen sich von Kindern mehr gefallen, wenn diese sich hinsetzen und die Brust statt den Kopf des Hundes streicheln.

VERHALTENSWEISE VON KINDERN

Bringen Sie den Kindern von Anfang an bei, wie sie dem Hund ein Leckerli geben: auf der flachen Hand und mit geschlossenen Fingern wird das Leckerli ruhig unter das Maul des Hundes gehalten. Zeigen Sie ihnen auch, wie sie einen Hund sicher streicheln können: unter dem Kinn und am Hals und nicht auf dem Kopf. Streichelt man ihm am Kopf, dann werden seine Sinnesorgane von den Händen bedeckt und er kann das als aggressives Verhalten missdeuten, wenn man die Hände zu schnell nähert. Entfernen Sie den Hund, wenn Ihr Kind zu stürmisch ist oder der Hund an ihm hochspringen möchte. Ein großes Hundegesicht auf Augenhöhe kann für das Kind riesig wirken und ihm Angst machen.

Nicht alle Hunde wollen ständig gestreichelt und liebkost werden, wenn sie nicht von früher Jugend an daran gewöhnt sind. Für Kinder ist es natürlich sehr verlockend, vor allem wenn sie es bei ihrem früheren Hund gemacht haben. Sie müssen allmählich herausfinden, wie viel sich der Hund von Ihren Kindern gefallen lässt, wobei Sie anfangs stets mit dabei sein sollten, damit Sie eingreifen können, sobald sich einer dem anderen gegenüber zu stürmisch verhält.

Wenn der Hund sein neues Heim begutachtet und sich die allgemeine Aufregung etwas gelegt hat, dann können Sie Ihren Kindern ein neues Spiel oder Spielzeug schenken, damit sie von ihrem neuen Hausgenossen etwas abgelenkt sind. Das nimmt dem neuen Hund jeden Druck und er kann die Kinder so kennen lernen, wie es ihm angenehm ist.

Wenn sich alle aneinander gewöhnt haben und sich Ihr neuer Hund etwas ausgeruht hat, können sie alle gemeinsam in den Garten gehen oder einen Spaziergang machen. Nehmen Sie Spielzeug für den Hund mit und versuchen Sie, die Kinder und Hund miteinander spielen zu lassen. Wenn diese Spiele Freude bereiten sollen, dann müssen sowohl die Kinder als auch der Hund gewisse Regeln lernen (siehe Seite 48); jetzt am Anfang aber sollte der Spaß im Mittelpunkt stehen. Nehmen Sie am Anfang alles leicht und greifen Sie nur ein, wenn die Situation außer Kontrolle zu geraten scheint.

JEDER HUND HAT SEIN EIGENES TEMPO

Wenigstens die ersten zwei Wochen über sollten die Kinder den Hund in Ruhe lassen und abwarten, bis er auf sie zukommt. Sie können ihn jederzeit zu sich rufen, sollten sich ihm jedoch nicht gegen seinen Willen nähern. Auf diese Weise hat der Hund genügend Zeit und Freiraum, Vertrauen zu den Kindern zu entwickeln. Kleinkindern wird es schwer fallen, sich an diese Regel zu halten, doch es liegt in Ihrer Verantwortung, dafür zu sorgen, dass weder den Kindern noch dem Hund irgendein Schaden zugefügt wird.

Wenn Ihre Kinder noch nie einen Hund hatten, müssen Sie ihnen beibringen, dass sie ihn respektieren und nicht als Spielzeug betrachten sollen. Die schrillen Schreie tobender Kinder können einen Hund aus der Fassung bringen, wenn er nicht daran gewöhnt ist. Also achten Sie darauf, dass die Spiele möglichst im Rahmen bleiben und greifen Sie ein, bevor sie außer Kontrolle

Wenn Kinder auf der flachen Hand Belohnungshappen füttern, macht das einen guten Eindruck auf den Hund.

geraten. Einige Hunde – darunter Collies – haben einen starken Herdeninstinkt und könnten den Kindern leicht in die Fersen beißen, wenn diese davonrennen. Die Kinder schreien natürlich daraufhin und rennen noch schneller, was den Hund nur noch mehr reizt. Seien Sie darauf vorbereitet, dann sofort einzugreifen und dieses Verhalten zu stoppen, denn es wird schnell zur Gewohnheit.

GRUNDREGELN LERNEN

Ihre Kinder müssen lernen, den Hund nicht zu ärgern: Der Hund muss lernen, nicht an den Kindern hoch zu springen, nicht zu stürmisch zu sein oder im Spiel nach ihnen zu schnappen. Es ist wichtig, dass Sie alle Aktivitäten überwachen, bis beide Seiten die Regeln gelernt haben. Es ist nicht ratsam, Kinder unter 10 Jahren mit einem Hund allein zu lassen. Bis Sie ganz sicher sind, dass Ihr neuer Hund nicht sein Futter gegen die Kinder verteidigt, empfiehlt es sich, ihm Knochen und andere Kauartikel erst zu geben, wenn die Kinder im Bett sind oder in einem Raum, der abgeschlossen werden kann, so dass die Kinder nicht unerwartet auftauchen können. Bringen Sie Ihren Kindern bei, den Hund in Ruhe zu lassen, wenn er an einem Knochen oder Kauartikel nagt.

Wenn Sie dem Hund Besucherkinder vorstellen möchten, dann gehen Sie nach den gleichen Regeln vor. Wird die erste Bekanntschaft mit Kindern zu einem freudigen Erlebnis für Ihren Hund, wird er also von den Kindern nicht bedrängt, wenn er seine Ruhe haben will, dann wird er sie schon bald mit Leckerli und Spielen assoziieren, ihre Gesellschaft genießen und Freundschaft mit ihnen schließen (vorausgesetzt er hatte früher keine schlimmen Erfahrungen mit Kindern).

VORSICHT IST GEBOTEN

Wenn Sie keine Kinder haben und sich einen Hund mit unbekannter Vorgeschichte geholt haben, dann sollten Sie sehr vorsichtig sein, wenn Sie Besuch von Kindern bekommen oder außerhalb des Hauses auf Kinder treffen. Gehen Sie anfangs davon aus, dass sich Ihr neuer Hund nicht mit Kindern verträgt, bis Sie sich im Lauf der Zeit ein Bild von seinen Reaktionen machen konnten. Wenn Sie sich dann immer noch unsicher sind, ist es besser, ihn zu Beginn mit einem Maulkorb spazieren zu führen. Vielleicht fühlt sich der Hund dadurch etwas verunsichert, vor allem, wenn er sowieso schon ängstlich war, doch er kann zumindest niemanden beißen. Achten Sie darauf, dass Ihr Hund zuvor an den Maulkorb gewöhnt wurde (siehe Seite 104), damit er ihn nicht mit Kindern in Zusammenhang bringt.

KINDER

- Sorgen Sie dafür, dass die Kinder den neuen Hund nicht überfordern.
- Lassen Sie den Hund auf die Kinder zugehen und nicht umgekehrt.
- Bringen Sie den Kindern bei, wie man dem Hund sicher Leckerbissen geben kann.
- Zeigen sie den Kindern, wie man einen Hund richtig streichelt.
- Kaufen Sie den Kindern ein neues Spielzeug, um sie vom Hund etwas abzulenken.

Zweithunde

Wenn Sie Ihren neuen Hund im Auto nach Hause bringen, dann achten Sie darauf, dass Sie ihn von Ihrem „alten" Hund trennen.

Geben Sie den zwei Hunden Gelegenheit, sich im Garten kennen zu lernen. Sie haben dort mehr Platz zur Verfügung und der Wunsch, das Revier zu verteidigen, ist nicht so stark.

Suchen Sie auf der Heimfahrt ein Gelände aus, das beiden Hunden unbekannt ist und wo sie genügend Raum zur Verfügung haben, um sich kennen zu lernen. Auf einem Spaziergang sind beide etwas abgelenkt und ihr erstes Zusammentreffen wird nicht so intensiv ausfallen. Halten Sie die Leinen parallel zueinander, vermeiden Sie jedoch, dass sie sich in Kopfhöhe treffen. Dehnen Sie den Spaziergang möglichst lange aus und gestatten Sie den Hunden allmählich, immer mehr Kontakt miteinander aufzunehmen. Es macht nichts, wenn sie sich zu diesem Zeitpunkt auch völlig ignorieren. Wenn beide genügend Auslauf hatten, fahren sie nach Hause und lassen die Hunde in den Garten. Wenn Ihr neuer Hund scheu ist und Sie mehr als einen anderen Hund besitzen, dann lassen Sie die Hunde den Neuankömmling der Reihe nach kennen lernen, damit sich der Neue nicht überfordert fühlt.

Bevor Sie die Hunde ins Haus lassen, räumen Sie alle Gegenstände aus dem Weg, um die sie sich streiten könnten: Spielzeuge, Knochen, Körbchen und Futternäpfe. Geben Sie dem neuen Hund Zeit, das Haus zu erkunden und trennen Sie ihn dann von Ihrem anderen Hund, während Sie ihm die Kinder vorstellen. Dann führen Sie den neuen Hund aus dem Zimmer, sobald er die Kinder kennen gelernt hat und lassen den „alten" Hund herein, um ihm einige Leckerli zu geben. Kein Belohnungshappen soll übrig sein, damit es nichts zu streiten gibt, wenn die Hunde wieder zusammen gelassen werden.

RANGORDNUNG

Ignorieren Sie am Anfang kleine Unstimmigkeiten oder Streitereien unter den Hunden. Stehen Sich beide Hunde wie angewurzelt gegenüber und starren sich an, dann versuchen Sie ihre Aufmerksamkeit auf etwas anderes zu lenken. Wenn es den Anschein hat, als ob sie aufeinander losgehen würden, dann befestigen Sie kurze Leinen an den Halsbändern, um damit bei Zwischenfällen eingreifen zu können. Wenn die Hunde bereits miteinander kämpfen, dann fassen Sie nicht mit Ihren Händen dazwischen, sonst werden Sie womöglich noch versehentlich gebissen oder der Kampf wird noch schlimmer. Versuchen Sie, sie mit Hilfe der Leinen auseinander bringen oder sie zu überraschen, indem sie einen Eimer Wasser über sie gießen, zwei Blechnäpfe über ihren Köpfen gegeneinander zu schlagen oder einen schweren Mantel über sie werfen. Danach führen Sie jeden Hund an einen anderen Ort, bis sie sich beruhigt haben.

Normalerweise verläuft die erste Begegnung ohne Komplikationen und der neue Hund verhält sich wie ein Besucher und wird auch so behandelt. Die Rangfolge wird im Allgemeinen in den ersten Wochen festgelegt, so dass es während dieser Zeit zu Streitereien kommen kann. Vermeiden Sie Situationen, die zu Spannungen zwischen den Hunden führen können. Füttern Sie sie getrennt voneinander, bis sie aneinander gewöhnt sind und stellen Sie den neuen Hund nicht zu sehr in den Mittelpunkt, so dass sich Ihr „alter" Hund ausgeschlossen fühlen könnte. Lassen Sie die beiden nicht allein, bis sie offensichtlich Freundschaft geschlossen haben.

Hunde, die zusammen leben, bilden immer eine Rangordnung. Anfänglich wird der Hund, der als Erster da war, als Rudelführer respektiert und Sie als Halter sollten dies bekräftigen. Das bedeutet, Sie dürfen die beiden nicht gleichrangig behandeln, sondern Ihren ersten Hund in vielen Dingen vorziehen, beim Füttern, Streicheln und Spielen und beim Durchgehen von Türen und Engstellen. Das sollte Ihnen nicht schwer fallen, da Sie zu ihm ja eine stärkere Bindung haben.

In den folgenden zwei Wochen legen die Hunde untereinander fest, wer der Anführer sein soll. Ist der neue Hund vom Charakter her stärker und hat mehr Durchsetzungsvermögen, dann kann es ihm durchaus gelingen, die Führung an sich zu reißen. Dies kann ohne Probleme vonstatten gehen oder der erste Hund lehnt sich auf. Versuchen Sie, sich aus diesem natürlichen Geschehen heraus zu halten, vorausgesetzt, es kommt zu keinem Kampf. Wenn es offensichtlich ist, dass der neue Hund die Führung übernommen hat, dann sollten Sie seine Stellung festigen, indem Sie ihn dem anderen vorziehen. Dies kann natürlich schwierig sein, vor allem, wenn Sie Mitleid mit Ihrem ersten Hund haben. Wenn Sie dieser natürlichen Rangfolge entgegen wirken, kann es zu Streitereien unter den Hunden kommen.

Gegenüberliegende Seite: Halten Sie Ihren Hund an einer langen Leine fest, wenn er Ihrer Katze begegnet, damit Sie ihn zurückziehen können, wenn er jagen will.

DIE ERSTE ZEIT UND NEUE BEKANNTSCHAFTEN

Seien Sie darauf bedacht, während der Eingewöhnungsphase nichts zu tun, was eine Situation zwischen den Hunden verschlimmern könnte. Wenn Sie ihnen einen Kauknochen geben, dann nur in zwei separaten Räumen und entfernen Sie sämtliche Belohnungshappen bevor die Hunde wieder zusammen sind. Vorsicht ist auch angesagt, wenn die Hunde aufgeregt sind, wie vor einem Spaziergang, wenn es an der Tür klingelt oder der Postbote kommt. Dann können Unstimmigkeiten leicht in einen Kampf ausarten. Bei kleinen Hunden müssen Sie darauf achten, den rangniedrigeren Hund nicht höher als den ranghöheren zu heben, weil dies bei letzterem Aggressionen hervorrufen kann.

Nicht alle Hunde passen sich an ein Zusammenleben mit einem anderen Hund an. Hunde, die bei ihrem Vorbesitzer stets im Mittelpunkt standen, können so besitzergreifend sein, dass sie keinen Konkurrenten um sich dulden. Achten Sie auf Anzeichen von Schikane seitens des stärkeren Hundes. Wenn sich die Hunde nach einem Monat noch nicht aneinander gewöhnt haben und es immer wieder zu Beißereien zwischen ihnen kommt, dann ist es wahrscheinlich besser, den neuen Hund in ein anderes Zuhause abzugeben.

KÄMPFENDE HUNDE TRENNEN

- Versuchen Sie nie, kämpfende Hunde mit Ihren Händen zu trennen.
- Wenn die Hunde angeleint sind, ziehen Sie sie damit auseinander.
- Versuchen Sie die Situation zu entschärfen, indem Sie die Hunde mit Wasser übergießen oder einen schweren Mantel über sie werfen.

Verträglichkeit mit Katzen

Katzen und Hunde, die im gleichen Haushalt leben, können Freunde werden und die gegenseitige Gesellschaft genießen. Wie Sie die beiden einander vorstellen und wie diese sich dabei verhalten, ist ausschlaggebend für ein künftiges, erfolgreiches Zusammenleben. Es ist wichtig, dass die Katze keine Angst vor dem Hund bekommt und der Hund nicht lernt, Katzen zu jagen.

Gestatten Sie der Katze nach Belieben zu kommen und zu gehen, achten Sie aber darauf, dass der Hund festgebunden ist.

Wenn eines der beiden Dinge zutrifft, dann ist die Zeit eines glücklichen Zusammenlebens noch weit entfernt. Es ist am besten, die Katzen in ein Zimmer wegzusperren, während der Hund das Haus auskundschaftet. Die beiden Tiere bemerken durch ihren feinen Geruchsinns die Anwesenheit des anderen schnell. Warten Sie, bis die erste Aufregung vorüber ist und der Hund sich von all den neuen Eindrücken etwas erholen konnte. Vielleicht ist es am besten, bis zum Abend zu warten, wenn alle Mitbewohner entspannter und die Kinder im Bett sind.

Leinen Sie den Hund an, setzen Sie sich mit ihm in eine Ecke gegenüber der Zimmertür und warten Sie, bis er sich entspannt hinlegt. Bitten Sie ein Familienmitglied, die Katze in das Nebenzimmer zu locken. Die Tür sollte dann geschlossen werden, so dass sich die Katze nur in „ihrem" Raum und dem Zimmer, indem sich der Hund befindet, bewegen kann. Locken Sie die Katze mit etwas Essbarem in das Zimmer, in dem sich der Hund befindet, zwingen Sie sie aber nicht dazu. Bestehen Sie darauf, dass sich der Hund ruhig hinsetzt oder hinlegt.

Die Katze fühlt sich mutiger, wenn sie einen Fluchtweg sieht oder nach oben entkommen kann. Ihre Katze wird sich in keine gefährliche Situation bringen, aus der sie nicht mehr entkommen kann. Sie muss lernen, dass der Hund keine Gefahr für sie darstellt, seien Sie also geduldig und lassen Sie den Dingen ihren Lauf. Je scheuer die Katze und je stürmischer oder lauter der Hund ist, um so länger wird der Vorgang dauern. Wenn Sie versuchen, zu diesem Zeitpunkt die Dinge zu beschleunigen, dann wird die Katze nur noch ängstlicher und es wird alles noch viel länger dauern. Ist Ihre Katze sehr mutig oder an Hunde gewöhnt, dann wird sie eventuell sofort in das Zimmer kommen. Wenn sie sich dem Hund nähert, dann lassen Sie diesen aufstehen und die Katze begrüßen, halten Sie ihn jedoch am Halsband fest.

Wie viele Versuche notwendig sind, hängt vom Verhalten der beiden Tiere ab. Sie müssen Ihren Hund vollständig unter Kontrolle haben, bis der Zeitpunkt gekommen ist, an dem das Erscheinen der Katze keinerlei Aufregung mehr bei ihm auslöst. Dann können Sie dem Hund mehr Freiheiten erlauben, müssen jedoch weiterhin darauf achten, dass Sie ihn vom Jagen der Katze jederzeit abhalten können. Lassen Sie den Hund an einer langen Schleppleine, auf die Sie bei Gefahr treten können. Auf diese Weise können Sie rasch Kontrolle über ihn bekommen, seien Sie aber vorsichtig damit, wenn Kinder oder ältere Leute mit im Haus wohnen – Stolpergefahr.

Einige Wochen lang sollten Sie bei jeder Begegnung zwischen Hund und Katze anwesend sein. Die beiden werden das Tempo, mit dem sie sich näher kommen, selbst bestimmen. Bisweilen kann es sogar Monate dauern. Sie können die Entwicklung einer Freundschaft nur durch ständige Überwachung, Ruhe und Geduld beschleunigen. Lassen Sie die beiden nie allein, bis Sie ganz sicher sind, dass sie Freunde sind.

Wenn Ihre Katze sehr scheu ist, dann ist es ratsam, sie in der ersten Woche im Haus zu halten, damit sie nicht davonläuft und nicht mehr zurückkommen will, sobald der Hund erscheint. Verschließen Sie die Katzenklappe und geben Sie Ihrer Katze einen Bereich im Haus, wo der Hund keinen Zutritt hat. Stellen Sie ihr eine Katzentoilette auf und füttern Sie sie außerhalb des Hundereviers, damit sie ihn Ruhe fressen kann. So können Katze und Hund im gleichen Haus friedlich miteinander leben, bis Sie die Zeit finden, ihre Begegnungen zu überwachen.

Bekanntschaft mit kleinen Haustieren

Halten Sie den Hund einige Tage lang in sicherer Entfernung vor kleinen Haustieren, bis Sie eine stärkere Bindung zu ihm entwickelt haben. Dann ist der Hund Ihnen gegenüber gehorsamer und wird aufmerksamer sein, wenn Sie ihm beibringen, wie er sich kleinen Tieren gegenüber zu verhalten hat. Bei kleinen Vögeln oder Felltieren wird selbst beim gutmütigsten Hund der Beuteinstinkt geweckt. Manche Hunde besitzen einen stärkeren Instinkt als andere und bestimmte Hunderassen wie Terrier und Jagdhunde reagieren eher mit Jagdlust.

Halten Sie den Hund bei allen Begegnungen an der Leine und setzen Sie Ihr Haustier in seinen gewohnten Käfig. Erlauben Sie dem Hund, sich dem Tier zu nähern, ohne dass dieses in Angst versetzt wird. Das ist unfair und Ihr Hund könnte sich noch

Bis Sie wissen, wie sich Ihr Hund Kleintieren gegenüber verhält, sollten Sie ihn angeleint und unter strenger Beobachtung halten. Ein Terrier und eine Ratte sind keine gute Kombination.

Manche Hunde haben einen ausgeprägten Jagdtrieb, der durch die schnellen, hektischen Bewegungen kleiner Tiere ausgelöst werden kann.

TIPP

Bevor Sie das Haus verlassen, sollten Sie sich vergewissern, dass alle kleineren Tiere in ihren Käfigen und außerhalb der Reichweite des Hundes sind.

mehr aufregen, weil das Tier zu flüchten versucht. Bestehen Sie darauf, dass Ihr Hund sitzt oder liegt. Sprechen Sie ruhig mit Ihrem Hund und loben Sie ihn, wenn er sich anständig benimmt. Achten Sie auf Ihre Umgebung, da jede plötzliche Aufregung, wie ein herbei rennendes Kind, den Hund dazu veranlassen kann, nach vorne zu ziehen. Geben Sie dem Hund Zeit, sich an den kleinen Hausgenossen zu gewöhnen, beenden Sie die Begegnung jedoch nach etwa fünf Minuten. Wiederholen Sie diesen Vorgang in der ersten Woche so oft Sie können, wobei der Hund sich nie auf den Käfig stürzen darf.

Sie können diese Begegnung auch wiederholen, indem Sie den Hund sicher festbinden, während Sie Ihr Haustier in den Händen halten. Bestehen Sie wieder darauf, dass er sitzt oder liegt. Bitten Sie eventuell jemanden, Ihnen dabei zu helfen. Auf diese Weise können Sie die Reaktion Ihres Hundes auf kleine Tiere einschätzen lernen. Ein Hund mit ausgeprägtem Beuteinstinkt wird sich sofort für das Tier interessieren, sobald es sich bewegt, obwohl Sie ihn mit dem Tier bekannt gemacht haben. Ein ängstlicher Hund, der mit Kleintieren nicht vertraut ist, wird sich im Lauf der Zeit daran gewöhnen und schließlich keine Notiz mehr von dem Tier nehmen. Wie die Reaktion auch ausfällt, Sie müssen sich stets vor Augen halten, dass die Instinkte eines Hundes dicht an der Oberfläche liegen und Sie ihn niemals mit einem kleinen Haustier unbeobachtet lassen sollten.

Die erste Nacht im neuen Heim

Während der ersten Nächte ist es ratsam, den Hund eine halbe Stunde, bevor Sie selbst zu Bett gehen, in sein Körbchen zu legen. Dann kann er sich an die Vorstellung gewöhnen, allein zu sein, während Sie jedoch in der Nähe sind. Sie können dabei herausfinden, wie gut er mit dem Alleinsein umgehen kann. Achten Sie darauf, dass er vor dem Schlafengehen nochmals sein Geschäft verrichten konnte.

Ist Ihr Hund sehr eigenwillig oder stur, dann lassen Sie ihn über Nacht in der Küche und ignorieren Sie all seine Versuche, Sie zu sich zurück zu bringen. Wenn Sie nachgeben, belohnen Sie damit sein Verhalten und er wird es mit noch größerem Nachdruck wiederholen. Warnen Sie die Nachbarn, dass einige schlaflose Nächte auf sie zukommen könnten. Stellen Sie etwas vor die Tür und legen Sie etwas über den Teppich an der Tür, damit der Hund keinen Schaden anrichten kann, wenn er kratzt, um herauszukommen. Betreten Sie morgens den Raum erst, wenn der Hund ruhig ist. Wenn Sie hineingehen, wenn er bellt, dann belohnen Sie ihn mit Ihrem Erscheinen und er wird Sie künftig nur noch früher aufwecken. Warten Sie, bis er eine „Bellpause" einlegt.

Ist Ihr Hund von Natur aus scheu, freundlich oder unterwürfig, dann kann es sein, dass er die ersten Nächte besser über die Runden bringt, wenn er in Ihrer Nähe schlafen darf. Stellen Sie sein Körbchen vor Ihre Schlafzimmertür und schließen Sie diese, damit er Sie in der Nacht nicht stören kann. Eventuell hören Sie ihn nachts an der Tür schnüffeln, wenn er sich zu vergewissern versucht, dass Sie noch da sind.

Wenn Ihr neuer Hund mitten in der Nacht aufwacht und alle möglichen Versuche unternimmt, Sie auf sich aufmerksam zu machen, dann kann es sein, dass er sein Geschäft verrichten muss. Stehen sie dann auf und führen Sie ihn nach draußen, machen Sie aber keinerlei Aufhebens und sprechen Sie auch nicht mit ihm. Wenn Sie dies tun, dann wird er nächstes Mal, wenn er

Ein scheuer Hund will nachts in Ihrer Nähe schlafen. Stellen Sie seinen Korb vor Ihr Schlafzimmer, damit er begreift, dass er nicht zu Ihnen ins Zimmer kommen darf.

sich einsam fühlt, alles versuchen, Sie aufzuwecken. Warten Sie im Garten, bis er sich gelöst hat und loben Sie ihn dann. Wenn er nichts macht, dann bringen Sie ihn ins Haus zurück und lassen ihn für den Rest der Nacht allein. Sobald er sich eingewöhnt hat und sich sein Körper an Ihren Tagesablauf angepasst hat, sollten diese nächtlichen Eskapaden aufhören. (siehe Seite 135: Probleme mit Hunden, bei denen es jede Nacht „Zwischenfälle" gibt.)

Die ersten Tage des Zusammenlebens

Nach dem ersten Tag mit Ihrem neuen Hausgenossen legen Sie die Regeln fest und gehen Ihrem normalen Tagesablauf nach, als ob der Hund schon lange zur Familie gehören würde. Ihr Hund wird sich so viel schneller an Ihren Lebensstil anpassen. Lassen Sie ihn während der ersten Tage immer mal wieder für kurze Zeit allein. Irgendwann einmal werden Sie ihn nicht mitnehmen können und dann wird es ihm leichter fallen, wenn er von Anfang an daran gewöhnt wurde. Tierheimhunde hängen sich erfahrungsgemäß sehr stark an ihre neuen Besitzer, so dass es irgendwann unmöglich sein wird, den Hund allein zu lassen, wenn er nicht von Anfang an daran gewöhnt wird. Wie lange Sie ihn allein lassen, hängt vom Charakter des Hundes ab. Für scheue, freundliche und unterwürfige Hunde ist es im Allgemeinen schwerer, ohne ihren Besitzer zu sein. Das ist vor allem wichtig, wenn Sie berufstätig sind. Ihr Hund gewöhnt sich rasch an Ihre tägliche Routine und ans Alleinsein und wird Ihre Gegenwart als Belohnung ansehen. In Kapitel 8 können Sie nachlesen, wie Sie Ihren Hund an das Alleinsein gewöhnen.

Während der ersten Tage des Zusammenlebens sollten Sie den Hund auch Menschen außerhalb der Familie vorstellen, die öfter zu Besuch kommen. Laden Sie Verwandte und gute Freunde ein, um Sie dem Hund vorzustellen. Menschen, die der Hund in den ersten Wochen oft trifft, werden als Rudelmitglieder betrachtet und dementsprechend begrüßt.

Sie dürfen ihn in dieser Zeit keinesfalls isolieren, besonders dann nicht, wenn er sehr scheu ist, da Sie dadurch nur sein Misstrauen gegenüber Menschen, die nicht zur Familie gehören, verstärken. Fördern Sie seine Freude, andere Menschen zu treffen. Geben Sie ihnen Belohnungshappen, die sie dem Hund geben oder ein Spielzeug, das sie ihm werfen können. Lassen Sie den Hund auf die Menschen zugehen und nicht andersherum und beobachten Sie, ob er Stresssymptome zeigt. Wenn der Hund sehr stürmisch ist, dann halten Sie ihn an der Leine, wenn er andere Menschen begrüßt. Erlauben Sie ihm nur, sich den Menschen zu

DIE ERSTE ZEIT UND NEUE BEKANNTSCHAFTEN

Bestehen Sie vom ersten Tag an darauf, dass sich Ihr Hund Besuchern gegenüber freundlich verhält.

nähern, wenn er sich anständig benimmt und nicht an ihnen hoch springt.

BADEN

In einem guten Tierheim wird jeder Hund gebadet, bevor er abgeholt wird. Wenn er aus irgendwelchen Gründen nicht gebadet wurde und somit etwas streng riecht, dann sollten Sie ein paar Tage warten, bevor Sie ihn waschen, damit er nicht noch zusätzlichen Stress hat. Heben Sie ihn dann in die Badewanne oder Duschkabine auf eine rutschfeste Matte und machen ihn nass. Er wird dann nicht so leicht panisch, als wenn Sie ihn in eine volle Badewanne setzen. Sprechen Sie beim Waschen beruhigend auf ihn ein und trocknen Sie ihn hinterher mit einem Handtuch ab.

Wenn Sie Ihren neuen Hund in den ersten Tagen immer mal wieder kurze Zeit allein lassen, dann wird er eine Trennung von Ihnen leichter verkraften.

STUBENREINHEIT UND DIE BEDEUTUNG VON TAGESABLÄUFEN

Halten Sie sich in den ersten Tagen an einen Plan beim Füttern, Spazieren und Schlafen gehen. Bis zur vollständigen Eingewöhnung sollten Sie immer, wenn Sie außer Haus gehen, an der Tür den Boden mit Zeitungspapier auslegen, damit er dort notfalls sein Geschäft verrichten kann. Legen Sie unter die Zeitung noch Folie, damit nichts auf den Boden durchsickert. Das ist sehr wichtig, weil Hunde einen feinen Geruchsinn haben, der sie das nächste Mal zum selben Ort führen würde. Die meisten ausgewachsenen Hunde sind stubenrein, wenn sie aber lange Zeit im Zwinger gelebt haben, kann es sein, dass sie eine „Auffrischung" brauchen. Führen sie Ihren Hund immer wieder in den Garten und gehen sie mit ihm spazieren, damit er sich an die richtige Stelle erinnern kann, an der er sein Geschäft verrichten darf (siehe Seite 136).

In der ersten Zeit seines neuen Daseins wird Ihr Hund wahrscheinlich sehr aufgeregt und ein wenig ängstlich sein. Dies kann zur Schwächung seines Immunsystems führen. Ihr Hund kann Durchfall bekommen, was zu „Zwischenfällen" im Haus führen kann. Versuchen Sie, gelassen zu bleiben und Ihren Hund nicht abweisend zu behandeln. Reinigen Sie die betroffene Stelle mit biologischen Reinigungsmitteln oder Spezialprodukten vom Tierarzt. Viele Haushaltsreiniger entfernen nicht den gesamten Geruch, so dass Ihr Hund die gleiche Stelle wieder aufsuchen könnte. Die Beschwerden sollten nicht länger als 24 Stunden anhalten, sonst wenden Sie sich an Ihren Tierarzt.

Die Chance, dass Ihr Hund Durchfall bekommt, verringern Sie, indem Sie sich den Wochenvorrat des Futters besorgen, das Ihr Hund im Zwinger bekommen hat. Stellen Sie die Nahrung des

Hundes dann erst um, wenn er sich eingelebt hat und auch nur, indem Sie altes und neues Futter miteinander mischen und den Anteil an neuem Futter allmählich erhöhen.

Begleiten Sie in den ersten Tagen Ihren Hund in den Garten, wenn er dort sein Geschäft erledigen will.

Eine enge Bindung aufbauen

Alle guten Beziehungen beruhen auf Vertrauen und Freundschaft. Ihr Hund muss lernen, dass Sie stets das Beste für ihn wollen und er Ihnen vertrauen kann. Dies kann schwierig sein für Hunde, die bei ihren Vorbesitzern kein leichtes Leben hatten. Genauso müssen Sie lernen, Ihrem Hund so weit zu vertrauen, dass er Sie unter keinen Umständen beißen würde. Das erfordert Zeit und viele gemeinsame Erfahrungen, bevor sich beide Seiten ganz sicher sein können. Je weniger Sie den Hund bestrafen, um Ihren Willen durchzusetzen und je seltener Sie wütend werden, desto schneller wird Ihr neuer Hund Vertrauen zu Ihnen fassen.

Wenn Ihr Hund zu Ihnen passt, wenn Sie sich die Zeit nehmen, ihn zu verstehen und ihn gut behandeln, dann wird sich zwischen Ihnen mit der Zeit eine enge Freundschaft entwickeln. Dies geschieht natürlich nicht an einem Tag, aber je verständiger Ihr Verhalten gegenüber Ihrem Hund ist und je besser Sie ihn kennen, desto schneller wird es gehen. Es dauert etwa sechs Monate, bis sich der Hund bei Ihnen eingelebt hat und er Sie und Sie ihn und seine Fehler kennen, erwarten Sie also nicht zu früh irgendwelche Wunder. Ein gutes Arbeitsverhältnis sollte sich zwar schon früher entwickelt haben, bevor er jedoch wirklich „Ihr" Hund ist, vergeht einige Zeit.

Genau wie Vertrauen und Freundschaft braucht Ihr Hund auch feste Richtlinien für sein Verhalten. Wenn er seine Grenzen und die Grundregeln für ein Zusammenleben mit Ihnen kennt, dann kann er sein Leben führen und Freude daran haben, ohne über die Stränge zu schlagen. Wenn Ihr neuer Hund zum ersten Mal Ihr Haus betritt, dann hat er mit den Menschen aus seiner Vergangenheit bereits zahlreiche Erfahrungen gemacht. Diese Regeln sind höchstwahrscheinlich nicht die gleichen wie Ihre, so dass Sie darauf vorbereitet sein müssen, ihm vom ersten Tag an neue Grenzen zu setzen. Wie Sie ihn in den ersten sechs Monaten behandeln, ist entscheidend für das zukünftige Zusammenleben mit Ihrem Hund. Wenn Sie von Anfang an alles richtig machen, müssen Sie später nicht Versäumtes nachholen.

‚Es dauert etwa sechs Monate, bis sich der Hund bei Ihnen eingelebt hat und er Sie und Sie ihn und seine Fehler kennen.'

Grundregeln aufstellen

Es ist wichtig, dass Sie Ihrem Hund zeigen, was Sie von ihm erwarten und ihn für korrektes Verhalten belohnen. Oft bestrafen die Besitzer ihre neuen Hunde, obwohl diese sich nicht bewusst sind, dass sie etwas Falsches getan haben. Das kommt dann sehr überraschend für die Hunde und sie beginnen oft, ihren neuen Besitzern zu misstrauen. Eine viel bessere Erziehungsmethode besteht darin, unerwünschtes Verhalten vorauszuahnen und zu verhindern. Wenn Sie wissen, dass der Hund in seinem früheren

Zuhause auf die Polstermöbel liegen durfte, dann leinen Sie ihn vor Betreten des Hauses an, damit Sie ihn daran hindern können, aufs Sofa zu springen. Wenn er einen Ruheplatz sucht, dann klop-

Geben Sie dem Hund einen geeigneten Schlafplatz und zeigen Sie ihm, dass er sich dort zum Schlafen hinlegen soll.

fen Sie mit der Hand auf den Teppich oder sein Körbchen, um ihn zum Hinlegen zu bewegen. Belohnen Sie ihn, wenn er sich an den gewünschten Ort gelegt hat.

Zu Anfang sollten Sie ihn immer belohnen, wenn er sich gut verhält, damit er auch erkennt, dass er es richtig gemacht hat. Man kann dies natürlich leicht vergessen, wenn alles reibungslos läuft, es wird dem Hund jedoch helfen zu erkennen, wann Sie mit seinem Verhalten einverstanden sind. Außerdem wird dann der Gegensatz deutlicher, wenn Sie sein Verhalten einmal korrigieren müssen. Wenn Sie gutes Benehmen stets belohnen, dann wird es sich der Hund zur Gewohnheit machen. Gegen Unarten, wie an kleinen Kindern hoch zu springen, sollte sofort vorgegangen werden. Ziehen Sie Ihren Hund am Halsband zurück und geben Sie ihm auch verbal zu verstehen, dass er etwas falsch gemacht hat. Ändern Sie danach sofort Ihren Tonfall und zeigen Sie ihm, wie er sich zu verhalten hat. Sobald er es tut, loben und belohnen Sie ihn.

WIE HUNDE LERNEN

- Hunde lernen durch begangene Fehler. Wenn sie für etwas belohnt werden, dann werden sie dasselbe wahrscheinlich wieder tun. Wenn ihre Versuche nicht erfolgreich sind, dann werden sie davon ablassen.
- Ein Hund muss sofort nach Ausführung des Befehls belohnt werden. Er kann sich zwar an zurückliegende Ereignisse erinnern, er kann aber Lob oder Korrektur nur dann mit einer Handlung assoziieren, wenn dies sofort erfolgt. Entsprechend sollten Sie den Hund für gutes Verhalten sofort belohnen und loben, dann wird er dies in Zukunft eher wiederholen.

Wie nenne ich meinen Hund?

Streunerhunde oder solche, die kein gutes Verhältnis zu ihren Vorbesitzern hatten, hören nicht auf ihren Namen. Testen Sie, ob Ihr Hund seinen Namen kennt, indem Sie ihn mit ruhiger, klarer Stimme rufen, sobald er sich von Ihnen abgewandt hat. Wenn er darauf reagiert, hat er aller Wahrscheinlichkeit nach gelernt, seinen Namen mit angenehmen Erfahrungen mit Menschen zu assoziieren. Sie können ihn weiterhin so nennen, vor allem, wenn der Hund schon älter ist. Wenn er diese Assoziationen jedoch nicht hat oder sogar verängstigt aussieht, wenn er gerufen wird, dann sollten Sie ihm einen anderen Namen geben, besonders, wenn er Ihnen sowieso nicht gefällt.

Wählen Sie einen Namen, der leicht auszusprechen ist und den alle Familienmitglieder auch in der Öffentlichkeit gern rufen werden. Wie Sie ihn nennen ist eigentlich nicht wichtig, es gibt aber eine Theorie, dass der gewählte Name darauf hindeutet, welche Art von Verhältnis Sie von Ihrem Hund erwarten. Wenn Sie Ihrem Hund einen Menschennamen wie Ben oder Sally geben, dann heißt es, dass Sie eine engere Bindung wünschen, als wenn Ihre Wahl auf Fido oder Wuschel fällt. Rufen Sie ihn von Anfang an bei seinem neuen Namen und achten Sie darauf, dass die anderen Familienmitglieder es auch tun. Oft werden Namen abgekürzt oder verlängert, für den Hund ist es jedoch einfacher, wenn alle Menschen ihn eine Zeitlang gleich nennen.

Sie können den Lernprozess beschleunigen, indem Sie seinen Namen oft aussprechen, wenn er sich abwendet oder auf etwas anderes konzentriert und ihn belohnen oder mit ihm spielen, wenn er sich zu Ihnen umdreht. Der Hund wird den Klang seines neuen Namens schon schnell mit etwas Angenehmem in Verbindung bringen und reagieren, wenn man ihn ruft. Wenn Sie seinen Namen aber zu oft aussprechen oder Ihre Stimme beim Rufen einen wütenden Ton hat, dann wird er darauf immer weniger reagieren.

Wenn Sie Ihren Hund rufen und dabei seine Reaktion beobachten, können Sie daran ablesen, was für ein Verhältnis zwischen ihnen besteht. Wenn er gern und Schwanz wedelnd zu Ihnen kommt, hat er eine enge Bindung zu Ihnen. Wenn er Ihr Rufen ignoriert oder verängstigt aussieht, dann müssen Sie noch daran arbeiten, um seine Zuneigung und sein Vertrauen zu gewinnen.

Unarten

Während der ersten zwei Wochen wird sich Ihr Hund wahrscheinlich als Gast in Ihrem Haus fühlen und sich extrem gut benehmen. Versuchen Sie, sich von seinem vorbildlichen Verhalten nicht täuschen zu lassen – seine schlechten Seiten werden noch zum Vorschein kommen. Sobald der Hund Ihr Haus als sein Revier und die Familie als sein Rudel betrachtet, steigt auch sein Selbstvertrauen und er wird Verhaltensweisen zeigen, die vorher nicht erkennbar waren. Einige seiner Verhaltensweisen wie das

Es kann zwei Wochen dauern, bis sich Ihr Hund an sein neues Revier gewöhnt hat und es verteidigen möchte.

> **TIPP**
>
> Wenden Sie bei Ihrem Hund unter keinen Umständen körperliche Strafen an, wenn er sich falsch verhalten hat. Dies kann nicht nur gefährlich sein – wenn er sich verteidigen möchte – sondern auch dem Verhältnis zwischen Ihnen und Ihrem Hund Schaden zufügen, so dass sich Vertrauen und Freundschaft erst viel später entwickeln können.

Bewachen des Hauses oder das Nichtbefolgen von Befehlen sind wahrscheinlich unerwünscht. Aus diesem Grund werden Tierschutzorganisationen meistens erst zwei Wochen nach der Vermittlung um Rat gefragt.

Seien Sie auf diese „Flegelzeit" vorbereitet und schrauben Sie Ihre Erwartungen nicht zu hoch, sonst könnten Sie sehr enttäuscht werden, dass Ihr „perfekter" Hund doch seine Schattenseiten hat. Wenn Sie vor möglichen Verhaltensproblemen vorab gewarnt wurden, dann haben Sie während dieser Zeit die Gelegenheit, die Schwierigkeiten in den Griff zu bekommen, bevor Ihr Hund zu selbstsicher wird. Es kann sein, dass ein scheuer Hund in den ersten beiden Wochen weder bellt noch Aggressionen zeigt. Das gibt Ihnen genügend Zeit, ihn zu sozialisieren, damit er sich in Gesellschaft von Menschen wohler fühlt. Bis der Hund mehr Selbstsicherheit erlangt hat, wird er hoffentlich die Menschen in einem anderen Licht sehen und erst gar keine Probleme mehr machen.

Sehr vertrauensvolle Hunde können sich sehr schnell eingewöhnen. Hunde, die in ihrem früheren Zuhause nie korrigiert oder unterworfen wurden, haben die Situation sofort im Griff und betreten ihr neues Heim, als gehöre es ihnen. Die meisten anderen Hunde brauchen allerdings mehr Zeit, vor allem solche, die früher schlecht behandelt wurden. Hunde, die bei ihrem Vorbesitzer extrem unterdrückt wurden oder krank und unterernährt waren, brauchen unter Umständen Monate, bis sie Vertrauen erlangen.

Warum ist eine Rangordnung so wichtig?

Unsere Haushunde stammen alle vom Wolf ab – einem Tier, das in einer Gesellschaftsstruktur mit einem strengen hierarchischen System lebt. Die Wölfe, die der Rudelspitze angehören, bekommen von allem das Beste und sorgen für Nachwuchs. In einer festgelegten Hierarchie kommt es selten zu Kämpfen – die meisten Rudelmitglieder kennen ihre Stellung und achten darauf, die Grenze nicht zu überschreiten. Auf diese Weise werden Verletzungen auf ein Minimum reduziert und alle Tiere sind fit genug, um sich an der Jagd zu beteiligen.

Diese natürliche Rangordnung wurde an unsere Haushunde durch Gene weiter vererbt. Bei einigen Hunden sind die Ambitionen, zum Rudelführer aufzusteigen, stärker als bei anderen, je nachdem, wie sehr sie vom jeweiligen Besitzer gefördert werden. Solange Sie sich nicht sicher sind, an welcher Stelle der Rangfolge Ihr Hund seinen Platz sieht, sollten Sie davon ausgehen, dass Sie ihn ans untere Ende der Rudelhierarchie setzen sollten.

Nur ranghohe Wölfe paaren sich und geben ihre Gene an die nächste Generation weiter. Die rangniedrigeren Wölfe haben dieses Privileg nicht.

Wölfe verfügen von Natur aus über eine Rangordnung, die genetisch an unsere Haushunde weitergegeben wurde.

Wenn Sie dies vom ersten Tag an tun, dann können sie sicher sein, dass er Sie als Rudelführer betrachtet. Wenn Sie erst ein paar Wochen abwarten, um herauszufinden, wie willensstark er ist, ist es viel schwieriger, die Führungsrolle wieder zu übernehmen. Es ist einfacher, den Druck der ihn am Ende der Rangfolge hält, zu lockern, wenn Sie es nicht mehr für notwendig halten, als Druck auf ihn auszuüben, wenn er sich als Anführer sieht.

EIN GUTER RUDELFÜHRER

Ein Hund, der sich für den Rudelführer hält, trifft seine eigenen Entscheidungen, gerät außer Kontrolle und verhält sich im Allgemeinen wie ein verzogenes Kind, das unter allen Umständen seinen Kopf durchsetzen will. Er befolgt Ihre Befehle nicht und macht auch sonst nur was er will und möchte stets im Mittelpunkt stehen.

Sie als Rudelführer haben das Recht, auch für die anderen Rudelmitglieder Entscheidungen zu treffen und Ihr Hund muss sich damit abfinden. Hunde, die am Ende der Rangordnung stehen, sind gefügig und unterwürfig. Sie stehen unter Ihrer Kontrolle, weil Sie eine Leitfigur darstellen und nicht als älterer Bruder oder – schlimmer noch – als jüngeres Geschwister angesehen werden.

Keiner kann sich einen Hund leisten, der nicht unter Kontrolle zu halten ist. Das Zusammenleben mit einem Hund, der sich für den Boss hält, ist kein Zuckerschlecken. Ein gehorsamer Hund bereitet seinem Besitzer viel Freude und ist selbst auch glücklicher, weil er sich nicht ständig im Konflikt mit seinem Herrchen befindet.

IHRE VERANTWORTUNG ALS RUDELFÜHRER

Als Rudelführer ist es Ihr Recht, Entscheidungen zu treffen, wer was wann tut, das Rudel zu beschützen und für das Wohlergehen aller zu sorgen. Als Rudelführer sind Sie allein dafür zuständig,

EINE ENGE BINDUNG AUFBAUEN

dass es Ihrem Hund gut geht. Das bedeutet, Sie müssen ihn verstehen lernen, herausfinden, was ihm fehlt und seine Gedanken und Gefühle erahnen können.

Die besten Rudelführer sind diejenigen, die gutmütig und tolerant sind, nötigenfalls jedoch auch hart durchgreifen können. Sie sollten dem Hund klar machen, dass er Ihnen nicht auf der Nase herumtanzen kann, Sie aber froh darüber sind, sein Freund zu sein. Ein guter Rudelführer muss dem Hund nicht ständig zeigen, wo sein Platz ist. Wenn Ihr Hund begriffen hat, wer das Sagen hat, wird er seine Stellung freudig akzeptieren. Es ist tatsächlich so, dass Hunde, denen die Last der Führerschaft abgenommen wurde, sich meistens sehr welpenhaft und verspielt verhalten.

Ihr Hund wird bereits eine vorgefasste Meinung über Menschen haben, die auf seinen früheren Erfahrungen mit ihnen beruht. Trotz dieser Voreingenommenheit wird er durch die Behandlung während der ersten Wochen in seinem neuen Heim stark geprägt werden. Schon bei der ersten Begegnung mit den Mitgliedern seines neuen Rudels, wird er versuchen, den jeweiligen Platz des Menschen in der Rangfolge ausfindig zu machen und seinen eigenen finden.

DIE RICHTIGE HALTUNG

Es ist wichtig, dass Sie Ihrem Hund zeigen, wie geeignet Sie für die Rolle des Rudelführers sind und wie entschlossen, sich jeder noch so kleinen Herausforderung von ihm zu stellen. Wenn Sie ein freundlicher, sanftmütiger Mensch sind, dann sollten Sie sich während der Eingewöhnungsphase bemühen, auf Ihren Hund einen starken Eindruck zu machen. In dieser Zeit sollten Sie alle Begegnungen voll im Griff haben. Letztendlich können Sie den Hund nicht für immer täuschen, aber immerhin so lange, bis Sie die Oberhand gewonnen haben. Deshalb ist es auch so wichtig, sich den Hund auszuwählen, der seinem Charakter nach zu Ihnen passt (siehe Kapitel 1 und 2).

Stellen Sie sich vor, Sie treffen unterwegs einen Freund und bleiben stehen, um sich mit ihm zu unterhalten. Ihr Hund hat aber in der Nähe eine Stelle entdeckt, die er erkunden möchte, so dass er versucht, Sie dorthin zu ziehen. Wenn Sie nachgeben,

Wenn Sie bei kleinen Dingen – wie als Erster durchs Tor gehen – der Sieger sind, dann können Sie größere Herausforderungen von Vornherein vermeiden.

hat er seinen Kopf durchgesetzt und Sie haben einen kleinen Kampf verloren. Wenn Sie ihn jedoch Sitz machen lassen und er warten muss, bis Sie mit der Unterhaltung fertig sind und ihm dann erlauben, als Belohnung für sein gutes Benehmen die besagte Stelle aufzusuchen, dann haben Sie gewonnen und sind in den Augen des Hundes aufgestiegen. Es ist äußerst wichtig, dass Sie auf gutes Benehmen bestehen. Wenn Sie aus „kleinen Kämpfen" wie dem vorher beschriebenen als Sieger hervorgehen, wird Ihr Hund Sie auch zu keinem größeren Kampf herausfordern.

Wenn Sie sich als Anführer behaupten wollen, dann sollten Sie keine Befehle erteilen, die Sie im Zweifelsfall nicht durchsetzen können, wenn Ihr Hund sie ignorieren sollte. Dadurch verlieren Sie Ihre Vorrangstellung sehr schnell, denn Ihr Hund merkt, dass er Ihre Wünsche nicht respektieren muss. Wenn Ihr Hund Ihren ersten Befehl nicht befolgt, dann bringen Sie ihn sanft aber bestimmt an den gewünschten Platz, bevor Sie ihn belohnen. Erteilen Sie nicht vier, fünf Mal den gleichen Befehl, den er dann ignoriert, sonst werden Sie so wütend, dass Sie ihn am liebsten bestrafen würden. Durch Bestrafung werden Sie jedoch nicht schneller zum Rudelführer avancieren. Sie müssen sich den Respekt erarbeiten und Ihre Chancen stehen nicht besser, wenn Sie den Hund strafen. Hunde, die im Zuge ihrer Ausbildung bestraft wurden, reagieren oft aggressiv, wenn sie sich verteidigen möchten.

WIE WIRD MAN RUDELFÜHRER?

Den Status eines Rudelführers erlangt man am leichtesten, wenn man die Methoden verwendet, die Wölfe zur Aufrechterhaltung ihrer Rangordnung benutzen. Das ist die natürliche Methode, die alle Hunde instinktiv verstehen. Diese Methoden konzentrieren sich auf Situationen und Dinge, denen Ihr Hund mehr Wert beimisst als Sie es tun. Dazu gehören Schlafplätze, das Revier und Aktivitäten des Rudels im Revier, das Gewinnen von Spielen und der Besitz von Spielzeugen, die Reihenfolge beim Füttern, so wie die Aufmerksamkeit und Pflege durch andere Rudelmitglieder.

Schlafplatz und Revier

In einem Rudel sind es die dominanten Wölfe, die ihre Welpen in den besten Höhlen groß ziehen. Sie suchen sich außerdem die besten Ruheplätze und vertreiben jeden, der sich dieser auserwählten Stelle nähert. Aktivitäten im Revier werden von den dominanten Tieren bestimmt. In Ihrem Haus haben Sie sich das Schlafzimmer als besten Ruheplatz ausgesucht. Wenn Sie Ihrem Hund erlauben, auf dem Bett zu schlafen, dann wird er sich für gleichrangig halten. Dominante Hunde sollten ihr eigenes Körbchen außerhalb des Schlafzimmers haben. Auch wenn Sie dem Hund erlauben, auf Sofas und Sesseln zu liegen, wird dadurch

EINE ENGE BINDUNG AUFBAUEN

Wenn Sie vorangehen, wird der Hund merken, dass Sie die Entscheidungen treffen.

Verhindern Sie, dass Ihr Hund Ihr Schlafzimmer betritt. Sie halten ihn dadurch von Ihrem Bett fern und haben einen höheren Status.

sein Status erhöht. Am besten ist es, willensstarke Hunde von Polstermöbeln fern zu halten. Es ist außerdem besser, die Aktivitäten des Hundes im Revier/Haus zu kontrollieren, indem Sie als Erster durch Türen und die Treppen hinauf gehen. Ein Anführer führt, sein „Gefolge" folgt ihm. Das verhindert außerdem, dass Ihr Hund Sie in vollem Tempo durch Türen und die Treppen hinunter zieht.

Wer ist der Stärkere?

In der freien Wildbahn sind diejenigen Tiere die stärksten, die ihre Stellung an der Rudelspitze aufrechterhalten können. Ein „Alpha-Wolf" muss körperlich und mental stark sein. In seiner untergeordneten Stellung ist der Hund von Ihnen, dem Rudelführer, abhängig und erwartet Führung und Schutz von Ihnen – ein schwacher Anführer kann nicht gebraucht werden.

Tauziehen ist ein Spiel, bei dem Hund und Besitzer ihre Kräfte messen. Bei dieser Art von Spiel können beide herausfinden, wer der Stärkere ist. Derjenige, der die meisten Siege davonträgt ist in den Augen des Hundes am besten geeignet, das Rudel anzuführen. Wenn Ihr Hund dieses Spiel mag, dann sollten Sie darauf achten, dass Sie öfter gewinnen als verlieren. Ist Ihr Hund zu stark für Sie, dann ist es besser, diese Art von Spielen zu meiden. Wenn Sie verlieren, könnte ein willensstarker Hund die falschen Schlüsse daraus ziehen.

Nehmen Sie am Ende des Spiels dem Hund immer das Spielzeug weg. Das lässt Sie als der Stärkere dastehen und verleiht Ihnen einen höheren Status. Wenn Ihr neuer Hund sich unter dem Tisch versteckt oder immer im Kreis herumrennt, damit Sie ihm das Spielzeug nicht entreißen können, dann leinen Sie ihn vor dem Spiel an, um ihn zu sich heranziehen zu können. Lässt er sich das Spielzeug nicht aus dem Maul nehmen, dann halten Sie ihm ein Leckerli unter die Nase, damit er es fallen lässt, um an die Belohnung zu kommen. Wenn Sie merken, dass er loslässt, erteilen Sie ihm sofort den Befehl „Aus", damit er das Loslassen mit einem Kommando in Verbindung bringt.

Wenn Sie merken, dass Ihr Hund Sie herausfordern will, indem er Gegenstände stiehlt und damit wegrennt, dann legen Sie ihn wieder an eine lange Leine und lassen Sie absichtlich irgendwelche Dinge herumliegen. Sobald er diese zu stehlen versucht, rufen Sie ihn zu sich und benutzen Sie die Leine, um Ihrem Befehl mehr Nachdruck zu verleihen. Ziehen Sie ihn zu sich heran, bis Sie ihm den gestohlenen Gegenstand aus dem Maul nehmen können. Legen Sie ihn dahin zurück, wo er ihn aufgehoben hat. Wiederholen Sie diesen Vorgang gegebenenfalls, dann wird Ihr Hund früher oder später merken, dass es ihm keinen Vorteil bringt, Sie herauszufordern, weil Sie am Ende immer Sieger sind.

‚Nehmen Sie am Ende des Spiels dem Hund immer das Spielzeug weg. Damit sind Sie der Besitzergreifendere und haben einen höheren Status.'

EINE ENGE BINDUNG AUFBAUEN

Wenn Sie als Sieger aus einem Spiel hervorgehen, dann zeigen Sie einem willensstarken Hund, dass Sie jederzeit die Kontrolle über das Revier übernehmen können.

Reihenfolge beim Füttern

In der Natur fressen die dominanten Tiere als Erste und die anderen müssen warten, bis diese satt sind. Auf diese Weise wird gewährleistet, dass die größten und stärksten Tiere bei Futterknappheit fit und gesund bleiben.

Bei Ihnen zu Hause sollte der Hund erst gefüttert werden, nachdem die ganze Familie gegessen hat. Dies mag Ihnen relativ unbedeutend vorkommen, doch für sehr viele Hunde gehört das Füttern zu den Höhepunkten eines Tages und ist somit sehr wichtig.

Zuwendung und Pflege durch andere Rudelmitglieder

Ein Leitwolf entscheidet selbst, wann er Zuwendung durch seine „Untergebenen" haben möchte. In der übrigen Zeit gibt er sich unabhängig und unnahbar. Wenn Sie bei einem charakterstarken Hund Ihre Vorrangstellung behaupten wollen, dann sollten die meisten Aktivitäten von Ihnen und nicht vom Hund aus gehen. Reagieren sie nicht immer, wenn Ihr Hund Zuwendung von Ihnen fordert.

Wenn Sie nicht darauf eingehen wollen, dann sprechen Sie ihn nicht an, würdigen Sie ihn keines Blickes und berühren ihn nicht, damit er Ihre Botschaft versteht. Sobald er sich entfernt und hin-

Bei der Fellpflege wird das Band der Freundschaft zwischen Ihnen und Ihrem Hund gefestigt.

EINE ENGE BINDUNG AUFBAUEN

gelegt hat, rufen Sie ihn zu sich und streicheln ihn, so lange Sie möchten. Diese Unnahbarkeit Ihrerseits kann einem starken Hund die Botschaft übermitteln, dass er der Rangniedrigere ist und einem zu sehr auf seinen Besitzer fixierten Hund helfen, etwas eigenständiger zu werden.

FELLPFLEGE
Es ist wichtig, dass Ihr Hund zu tolerieren lernt, dass er angefasst und gebürstet wird. Manche Hunde haben das nie gelernt und müssen erst langsam daran gewöhnt werden. Hunde, die den Kontakt zu Menschen mögen, haben mehr Vertrauen und lassen auch beim Tierarzt selbst unangenehme Prozeduren über sich ergehen. Wenn Sie Ihren Hund nicht im Griff haben, dann ist der Tierarzt dazu auch nicht in der Lage.

Versuchen Sie, in den ersten Wochen den Hund täglich zu bürsten. Auch kurzhaarige Hunde müssen es akzeptieren, überall angefasst zu werden und Sie können dabei gleich einen kurzen Gesundheitscheck durchführen. Am Anfang sollte der Vorgang nur sehr kurz dauern und mit einem Leckerli, Spaziergang oder Spiel belohnt werden, wenn der Hund stillgehalten hat.

Wenn sich Ihr Hund fürchtet, dann gehen Sie die Dinge langsam an, indem sie ihn anfangs nur am Rücken und an den Schultern bürsten. Mit der Zeit bürsten Sie dann auch den Bauch und zwischen den Hinterbeinen. Manche Hunde haben eine sehr niedrige Schmerzgrenze und fühlen sich gestresst, wenn es beim Kämmen „ziept" oder die Bürste ihre Haut berührt. Bei diesen Hunde ist Durchhaltevermögen angesagt, damit Sie allmählich ihr Vertrauen gewinnen.

Andere Hunde lassen sich nicht bürsten, weil sie sich als ranghöher ansehen. Wenn der Hund zu entweichen versucht, ein Spiel daraus machen möchte, in die Bürste beißt oder an Ihren Fingern knabbert, dann bürsten Sie stur weiter. Fahren Sie so lange fort, bis der Hund nachgibt und sich ohne Murren pflegen lässt. Beenden Sie dann die Prozedur und geben Sie ihm eine Belohnung. In solchen Fällen kann es leichter sein, den Hund auf einem Tisch zu bürsten, wo er nicht so selbstbewusst ist. Stellen Sie den Tisch in eine Ecke, damit er nur von zwei Seiten herunter springen kann. Halten Sie ihn mit einer Hand am Halsband fest, während Sie mit der anderen bürsten. Wenn er sich stark zur Wehr setzt, müssen Sie ihn eventuell festbinden. Fragen Sie einen professionellen Hundefriseur, wie man einen Hund fixiert, der sich wehrt. Bei einem starken, selbstbewussten Hund ist es wichtig, ihn vollkommen im Griff zu haben, falls er sich schlecht benimmt und ihn so lange zu bürsten, bis er sich damit abgefunden hat.

Wenn Sie Ihren Hund täglich etwas bürsten, dann wird auch der schwierigste Hund mit der Zeit vertrauensvoller und nachgiebiger. Versuchen Sie, nach und nach ein Vertrauensverhältnis auf-

FREIE SICHT FÜR IHREN HUND

Wenn Ihr Hund aufspringt, wenn Sie ihn am Rücken oder seitlich berühren, dann kann es sein, dass er aufgrund seiner langen, die Augen bedeckenden Haare nicht gut sehen kann. Plötzliche Bewegungen oder Berührungen kommen für ihn aus heiterem Himmel, und es kann passieren, dass er zu seiner Verteidigung nach Ihnen schnappt. Schneiden Sie sehr lange Stirnhaare sorgfältig ab oder binden sie nach oben. Vielleicht ist er dann nicht mehr so hübsch, aber er kann seine Umgebung sehen.

DER HUND AUS DEM TIERHEIM

Die Eltern sollten immer dabei sein, um helfend einzugreifen, wenn die Kinder mit dem Hund Tauziehen spielen.

zubauen, bis Sie ihm ins Maul und in seine Ohren schauen, seine Beine hoch heben und seine Pfoten halten dürfen. Verlangen Sie anfangs nicht zu viel von ihm, führen Sie diese Übungen jedoch kontinuierlich durch, bis er Ihnen vertraut.

Ranghöhere Rudelmitglieder

Es ist wichtig, dass Ihr Hund weiß, dass seine Stellung im Rudel unter derjenigen Ihrer Kinder liegt. Achten Sie darauf, dass Ihre Kinder sich an die oben aufgestellten Richtlinien halten, vor allem in der Anfangszeit. Erlauben Sie ihnen nicht, den Hund zum Schlafen oder Spielen mit in ihr Zimmer zu nehmen, bis Sie sicher sind, dass der Hund nicht versuchen wird, die Führung zu übernehmen. Geben Sie den Kindern vor dem Hund zu essen und halten Sie ihn von Kleinkindern fern, um zu vermeiden, dass er ihnen Nahrung aus der Hand stiehlt. Fordern Sie Ihre Kinder auf, den Hund auch einmal zu bürsten, aber warten Sie damit, bis sich dieser vollkommen daran gewöhnt hat.

Wenn Ihre Kinder mit dem Hund Tauziehen spielen, dann sollte immer ein Erwachsener anwesend sein, der dem Kind beim Gewinnen helfen kann, vor allem, wenn der Hund sehr groß und das Kind noch klein ist. Wenn Ihr Hund merkt, dass die Familie in solchen Situationen zusammenhält und er gegen die Kinder nicht gewinnen kann, dann wird er sich ihnen gegenüber als rangniedriger ansehen. Verhält sich der Hund beim Spielen sehr grob, dann sollten Sie Spiele unterlassen, wenn die Kinder anwesend sind.

KAPITEL 5

Die Bedürfnisse Ihres Hundes

Hunde können sich im Allgemeinen extrem gut an uns Menschen anpassen, so dass dabei manchmal übersehen wird, dass sie einer völlig anderen Spezies angehören. Sie sehen die Welt mit anderen Augen als wir Menschen, verständigen sich auf unterschiedliche Weise und haben andere Beweggründe, etwas zu tun. Wenn sich Ihr Hund gut benehmen soll, ist es sehr wichtig, diese Unterschiede zu erkennen und ihnen bei allen Aktivitäten Raum zu geben. Werden die artspezifischen Bedürfnisse eines Hundes befriedigt, dann hat er keinen Grund, sich schlecht zu benehmen, um seinen inneren Trieben nachzugehen.

Durch Schnüffeln erhalten Hunde genau so viele Informationen wie wir mit unseren Augen. Die Gerüche an diesem Pfosten scheinen unwiderstehlich zu sein.

Eine Welt der Gerüche

Wenn wir uns in einer neuen Situation befinden, nehmen wir mit den Augen alle Informationen in unserer Umwelt wahr; für uns Menschen ist das Auge das wichtigste Sinnesorgan. Betritt ein Hund unbekanntes Gelände, dann schnüffelt er die Umgebung ab. Sein Geruchsinn übermittelt ihm die wichtigsten Informationen.

Der Geruchsinn eines Hundes ist unserem weit überlegen – Hunde können die Fährte einer Person oder eines Tieres aufneh-

Wir Menschen finden uns in neuen Situationen mit unseren Augen zurecht, während Hunde dazu ihre Nase einsetzen.

men, die/das Stunden oder Tage zuvor hier entlang gegangen ist, ohne sichtbare Spuren zu hinterlassen und sie können Drogen oder Sprengstoff durch Schichten von Verpackungsmaterial hindurch aufspüren. Ihr Geruchsinn ist mindestens 100-mal feiner als der des Menschen. In einer Hundenase ist der für die Wahrnehmung von Gerüchen zuständige Bereich etwa 14-mal größer als beim Menschen. Von dort führen die Nerven zu einem Teil des Gehirns, der größer und höher entwickelt ist als der entsprechende Teil beim Menschen, wo die von der Nase aufgenommen Informationen weiter verarbeitet werden.

Mit ihrem erstaunlichen Geruchsinn können Hunde Gerüche wahrnehmen, die uns Menschen vollkommen verborgen sind. Es überrascht daher nicht, dass sie bestimmte Stellen, an denen andere Hunde ihre Urinmarken abgesetzt haben, stundenlang beschnüffeln oder auch fremde Menschen mit Hilfe der Nase untersuchen. Das gehört zu ihrer Natur und ist ihre Art, Informationen zu sammeln. Allein durch Schnüffeln das Alter, Geschlecht, den Gesundheitszustand, Geschlechtszyklus und sogar Geisteszustand bestimmen zu können ist eine wirklich bemerkenswerte Fähigkeit.

Wenn man weiß, dass Hunde in einer Geruchswelt und nicht in einer visuellen Welt leben, kann man für viele ungewöhnliche

Hunde erkennen Formen, Umrisse und Bewegungen, Menschen dagegen Details und Beschaffenheit.

Dinge eine Erklärung finden. So kann Ihr Hund Sie verbellen, wenn Sie sich aus der Ferne nähern und Sie erst begrüßen, wenn Sie sich in „Geruchsweite" befinden oder der Wind Ihren Geruch in seine Richtung bläst.

Geräuschempfindlichkeit

Hunde haben ein viel feineres Gehör als wir Menschen und können Geräusche wahrnehmen, die wir nicht mehr hören. Dies erklärt, warum es manchmal so aussieht als ob ein Hund intensiv lauschen würde, obwohl wir nichts hören können – Hunde nehmen noch Geräusche aus vier Mal größerer Entfernung wahr als wir. Es ist daher nicht nötig, einen Befehl mit lauter Stimme zu erteilen, Ihr Hund kann Sie gut hören, vorausgesetzt sein Gehör funktioniert einwandfrei. Wenn er Sie ignoriert, dann liegt das eher an seiner fehlenden Motivation, Ihnen zuzuhören und nicht an seinem schlechten Gehör.

Einige Hunderassen sind geräuschempfindlicher als andere. Hütehunde wie Collies, Deutscher Schäferhund und Kreuzungen daraus, reagieren sehr stark auf Geräusche und neigen eher dazu, Geräuschphobien zu entwickeln als andere Rassen.

Sie hören außerdem noch in einem sehr hohen Frequenzbereich, so dass sie auch Geräusche im Ultraschallbereich – wie das Piepsen einer Maus – wahrnehmen können. Dies erklärt, warum Hunde auf „lautlose" Hundepfeifen reagieren und weshalb sie aufgeregt werden, wenn sie das Auto ihres Besitzers hören, andere Autos derselben Marke jedoch ignorieren.

Ein körperliches Merkmal, welches das Hörvermögen des Hundes beeinflusst, sind Steh- oder Schlappohren. Stehohren nehmen mehr Geräusche wahr und sind beweglicher, d. h. sie können gedreht werden, um die Geräuschquelle ausfindig zu machen. Ein Spaniel, der in alle Richtungen rennt, um dem Ruf seines Herrchens zu folgen, hat einfach aufgrund seiner schweren, herab hängenden Ohren Schwierigkeiten zu bestimmen, woher der Laut kam.

Sehvermögen

Hunde sind nicht – wie oft angenommen wird – farbenblind, ihr Farbsehvermögen ist jedoch nicht so gut wie das unsere. Sie können daher Gegenstände auf einem kontrastreichen Hintergrund besser wahrnehmen als auf einem kontrastarmen. Ein Hund kann auf einer Wiese einen gelben Ball leichter erkennen als einen roten. Er sieht außerdem Einzelheiten und Muster sehr schlecht und erkennt Gegenstände eher an ihrer Form.

Hunde reagieren sehr stark auf Bewegungen – vor allem in Bodennähe –, weil sie für die Jagd auf Fluchttiere geschaffen sind. Sie reagieren daher eher auf bewegliche Dinge, sei es nun ein rollender Ball oder eine rennende Katze, als auf unbewegliche. Ein Hund kann auch in der Nacht oder Dämmerung gut sehen, weil sich an seinem Augenhintergrund eine reflektierende Schicht befindet. Diese Schicht fängt das Licht ein und der Hund kann es besser ausnutzen als wir: Dies ist auch der Grund, weshalb die Augen eines Hundes im Scheinwerferlicht eines Autos leuchten. Diese Fähigkeit, noch bei schlechten Lichtverhältnissen sehen zu können, kommt Wildhunden beim Jagen in der Dämmerung zugute und ermöglicht es unseren Haushunden, auch in der Nacht mit voller Geschwindigkeit davon zu rennen, ohne an Gegenstände anzustoßen.

EINE ANDERE PERSPEKTIVE

Ein Hund sieht die Welt von viel weiter unten als wir. Dies scheint völlig klar zu sein, wird jedoch oft übersehen. Aus diesem Grund springen Hunde oft zur Begrüßung an ihren Besitzern hoch. Bei sehr kleinen Hunden mit kurzen Beinen ist dieser Punkt von großer Bedeutung. Wenn Sie sich vorstellen, wie sich ein Hund in unserer riesigen Welt fühlen muss, dann können Sie auch sein Verhalten besser verstehen.

Hunde benutzen ihr Maul, um Gegenstände zu tragen oder zu halten.

Maul, Pfoten und Tastsinn

Ein weiterer sichtbarer Unterschied zwischen Mensch und Hund ist, dass Hunde keine Hände haben. Stattdessen benutzen Sie das Maul, um Gegenstände aufzuheben und um sich zu verteidigen. Erfahrene Hunde können mit ihrem Maul genau so geschickt umgehen wie wir mit unseren Händen – wenn ein erwachsener Hund daneben beißt, dann tut er es wahrscheinlich mit Absicht!

Es ist außerdem wissenswert, dass Pfoten, Hals und Tasthaare im Bereich der Sinnesorgane besonders empfindsam auf Berührung reagieren. Bei einem Angriff werden diese Bereiche am meisten geschützt. Ein Hund kann mit einer verletzten Pfote nicht mehr rennen; beim Kampf ist es wichtig, die Jugularis-Vene im Hals zu schützen und seine Sinnesorgane, mit denen er die Umgebung wahrnimmt, sind besonders wichtig und verletzlich.

Der mittlere Hund fühlt sich nicht wohl und signalisiert dies den anderen durch Hinsetzen und Lecken seiner Schnauze.

Wenn Sie über von der Empfindsamkeit dieser Bereiche wissen, dann sollten Sie es vermeiden, Ihren Hund im Schlaf oder völlig unerwartet an diesen Punkten zu berühren. Sie werden feststellen, dass er bei Berührung an diesen Stellen leicht aufspringt. Sie sollten dies unterlassen, bis er volles Vertrauen zu Ihnen hat. Wenn sich Ihr Verhältnis zu ihm gefestigt hat, dann fassen Sie ihn ab und zu an den Pfoten und um den Hals herum an. Viele Hunde sind im Bereich des Kopfes sehr empfindlich, wenn sie jedoch den Menschen vertrauen, genießen sie es, dort berührt zu werden.

Körpersprache

Hunde kommunizieren untereinander mit Hilfe der Körpersprache. Dazu gehört der Einsatz von Schwanz, Ohren, Augen, Haltung und Gesichtsausdruck, um die Absichten kund zu tun. Der Hund wird automatisch versuchen, sich auch mit seinem Besitzer auf diese Weise zu verständigen und wenn Sie in der Lage sind, diese Signale zu verstehen, dann wissen Sie, was Ihr Hund Ihnen sagen möchte.

Das Erlernen der Körpersprache ist nicht schwierig. Das Wichtigste dabei ist, den Hund in verschiedenen Situationen genau zu beobachten. Achten sie auf seine Körperhaltung, wie er seinen

Schwanz bewegt, wie er die Ohren stellt, wohin er schaut und was er mit seinem Maul macht. Beobachten Sie sein Verhalten und versuchen Sie einen Grund dafür zu finden. Sie werden schon bald in der Lage sein, allein durch Beobachtung seine Gefühle erkennen zu können.

Warum verhalten sich Hunde so?

Hunde stammen vom Wolf ab und werden daher von den gleichen Instinkten getrieben, die bereits ihre Vorfahren am Leben erhielten. Zu diesen Instinkten gehört das Leben in einer Gruppe, das Bedürfnis nach Sicherheit, die Erhaltung des eigenen Lebens und die Fortpflanzung.

Jeder Hund ist verschieden, wie sich auch jeder Mensch vom anderen unterscheidet: So treten bei einigen Hunden bestimmte Verhaltensweisen stärker hervor als bei anderen, die dafür wieder andere Dinge lieber tun. Im Grunde genommen sind jedoch alle

DIE KÖRPERSPRACHE DES HUNDES

Handzeichen
Hunde kommunizieren nur selten durch Laute miteinander und empfinden es daher als schwierig, Befehle zu erlernen. Handzeichen begreifen sie viel schneller, weil sie ihrer natürlichen Art der Verständigung entgegen kommen.

Schwanzwedeln
Wedeln bedeutet nicht nur Zufriedenheit, sondern auch Aufregung. Sowohl ein glücklicher Hund als auch ein kampfbereiter Hund wedeln mit dem Schwanz. Wenn er dabei eine steife Körperhaltung einnimmt, dann hat dies eine andere Bedeutung als wenn er dabei entspannt ist.

Spielaufforderung
Die Ellenbogen sind auf dem Boden, das Hinterteil befindet sich in der Luft.

Erhobener Kopf
Ein selbstbewusster Hund hält Kopf und Rute aufrecht und blickt die Quelle des Interesses direkt an. Seine Ohren sind aufgestellt, sein Maul entspannt.

Flacher Körper mit gesenktem Schwanz
Ein schüchterner Hund macht sich ganz flach, das Gewicht auf den Hinterbeinen, um notfalls fluchtbereit zu sein. Die Rute wird oft eingeklemmt oder gesenkt. Die Ohren sind angelegt, die Augen weit geöffnet, so dass man das Weiße darin erkennen kann. Er vermeidet die Person oder das Tier, die ihm Angst machen, anzusehen und wird nur kurz in ihre Richtung und danach aber sofort wegschauen.

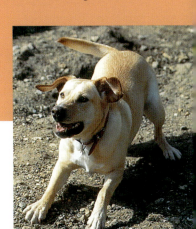

Alle Hunde brauchen soziale Kontakte, sei es mit Menschen oder anderen Hunden.

Hunde gleich und wenn man sich mit den speziellen Bedürfnissen ihrer Spezies näher beschäftigt, dann schafft man damit ein Ventil für natürliches Verhalten und hat gleichzeitig einen zufriedenen, wohl erzogenen Hund.

DAS BEDÜRFNIS NACH SOZIALEN KONTAKTEN

Wölfe müssen zum Überleben in einer sozialen Gruppe leben. Dort können sie zusammen jagen, sich sicher fühlen und sich fortpflanzen. Unsere Haushunde besitzen immer noch dieses Bedürfnis nach sozialen Kontakten, deswegen werden sie als Haustiere so geschätzt. Alle Hunde wollen sich als Teil eines Rudels fühlen. Dieses Bedürfnis wird oft vernachlässigt, wenn z. B. alle Mitglieder eines Haushalts berufstätig sind. Mangelnde Zuwendung und Zuneigung können auf längere Sicht hin gesehen zu einem Problem werden, weil der Hund sich irgendwann schlecht benehmen wird, nur um die Aufmerksamkeit auf sich zu lenken. Dieses schlechte Verhalten wird schon bald zum Ärgernis und – leider – oft bestraft, anstatt wie ein Symptom für ein unbefriedigtes Bedürfnis behandelt zu werden.

Mangelnde Liebe und Zuwendung sind bei einem neuen Hund wahrscheinlich noch kein Problem. Sobald jedoch der Reiz des Neuen vorüber und die Familie zum normalen Alltag zurückgekehrt ist, muss man dem Hund deutlich machen, dass er ein geschätztes Mitglied der Familie ist. Versuchen Sie, jeden Tag etwas Zeit zu erübrigen, um Ihrem Hund Ihre ungeteilte Zuwendung zu geben. Spielen Sie mit ihm, streicheln Sie ihn, sprechen Sie mit ihm und lassen Sie ihn spüren, dass er für Sie und Ihre Familie wichtig ist. Dafür müssen Sie sich in unserer hektischen Welt bewusst Zeit nehmen.

Viele der Verhaltensweisen von Hunden erwachsen aus dem Bedürfnis nach sozialen Kontakten. Begrüßungsrituale bei Ihrer Ankunft, Lecken des Gesichts, Pfote geben, Schieben der Nase unter Ihre Hand, Schwanz wedeln und andere Verhaltensweisen dienen alle dazu, das Band der Freundschaft zwischen Ihnen und dem Hund zu stärken.

DAS BEDÜRFNIS NACH GEBORGENHEIT

Alle Tiere haben das Bedürfnis nach Sicherheit, weil fehlende Sicherheit in der freien Wildbahn mit Tod oder Verwundung bestraft wird. Da sie so wichtig ist, hat sie Vorrang vor allen anderen Bedürfnissen.

Die Eingewöhnungsphase eines neuen Hundes kann unter Umständen sehr lange dauern, besonders, wenn er bei seinem Vorbesitzer Angst hatte. Er kann sich anfangs sehr verletzlich fühlen und deshalb weder spielen noch recht essen wollen, weil er ständig „unter Alarm" steht. Außerdem wird er wahrscheinlich in die Defensive gehen, wenn man sich ihm nähert oder seine Sicherheitszone überschritten wird. Knurren, hochgezogene Lefzen oder das Verstecken unter Tischen oder hinter Sesseln sind alles Anzeichen dafür, dass sich der Hund nicht sicher fühlt. Wenn der Hund mehr Vertrauen zu Ihnen hat, kann es sein, dass er die Familie als sicher ansieht, alle Fremden jedoch nicht,

Der Wunsch nach Sicherheit hat oberste Priorität. Wenn ein Hund sich in einen kleinen, leicht zu verteidigenden Winkel zurückziehen kann, fühlt er sich sicherer.

denen gegenüber er dann Revierverhalten an den Tag legt, um sie fern zu halten.

Manche Hunde sind schlimmer als andere. Collies, Deutsche Schäferhunde und Kreuzungen daraus gelten als sehr ängstlich

Spielen ist für unsere Haushunde ein Ersatz fürs Jagen. Es trägt dazu bei, den Körper gesund und fit zu halten.

und jeder Hund, der als Welpe schlechte Erfahrungen machte oder nicht sozialisiert wurde, wird lange Zeit brauchen, um sich in einer neuen Umgebung zurecht zu finden. Es braucht eine Weile, um das Vertrauen aufzubauen, das ein Hund braucht, um sich sicher zu fühlen. Seien Sie ein verantwortungsvoller Besitzer, der seinem Hund den nötigen Raum gibt und mit ihm sanft und langsam arbeitet, bis er seine Ängste überwunden hat.

Es gibt Hunde, die sich zwar zu Hause sicher fühlen, draußen aber vor allen möglichen Dingen Angst haben. Ein Hund, der mit unserer Welt nie vertraut gemacht wurde, fürchtet sich vor Dingen, die sich bewegen und ein Geräusch verursachen wie Lastwagen, Kinder auf Fahrrädern oder Skateboards, vor anderen Tieren und Menschen. Achten Sie darauf, ihn anfangs nicht zu

DIE BEDÜRFNISSE IHRES HUNDES

überlasten und halten Sie Abstand zu diesen gefürchteten Dingen, damit der Hund merkt, dass sie ihm nichts antun können.

Erwarten Sie nicht, dass Ihr Hund quasi über Nacht alle Ängste ablegt. In der Natur sind seine Ängste dazu da, ihn zu schützen und der Hund wird sie erst ablegen, wenn er viele positive Erfahrungen mit den Dingen gemacht hat, die ihm Angst einjagen. Mehr Informationen finden Sie in Kapitel 7.

Ihr neuer Hund kann viele weitere Verhaltensweisen zeigen, die alle dem Bedürfnis nach Sicherheit entspringen. Das Zerreißen von Gegenständen, die den Geruch des Besitzers tragen, das Kratzen an der Tür, um aus dem Haus zu kommen, wenn man den Hund allein gelassen hat, das Markieren des Reviers mit Urin, um sich sicherer zu fühlen: Das alles sind häufige Verhaltensweisen bei Hunden, die erst vor kurzem in ein neues Zuhause gekommen sind. Wenn Ihr Hund in den ersten Tagen ungewöhnliche Dinge macht, dann wahrscheinlich, um sich selbst sicherer zu fühlen.

DER ERHALTUNGSTRIEB

Ein gesunder Körper braucht Nahrung und Wasser und die Vorfahren unserer Haushunde mussten lange Strecken zurücklegen, um beides zu finden. Dieser Bewegungstrieb wurde an unsere Haushunde vererbt. Außerdem müssen Wölfe auf die Jagd gehen, um sich Nahrung zu verschaffen und obwohl die meisten unserer Hunde dies nicht mehr müssen, tragen sie dennoch dieses Verhaltensmuster in sich. Das Spielen ersetzt die Jagd und befriedigt das instinktive Verlangen des Hundes, auf Beutefang zu gehen. Der Spieltrieb kann auch dabei helfen, die Konzentration des Hundes auf Sie zu lenken, dass er vergisst, anderen beweglichen Dingen wie Katzen, Schafen, Wildtieren, Autos oder Kindern auf Fahrrädern hinterher zu jagen.

Haushunde zeigen auch noch anderes Verhalten, das mit der Erhaltung des Körpers in Verbindung steht. Oft pflegen sie sich, indem sie sich selbst lecken, vergraben überschüssige Nahrung für schlechte Zeiten oder buddeln sich einen kühlen Ruheplatz zurecht. Um Zähne und Kiefer gesund zu erhalten, lieben es

VERSCHIEDENE SPIELE

- Ball werfen: Das wohl beliebteste Spiel, vor allem bei Hütehunden. Die meisten Hunde lieben die Spannung, hinter einer „Beute" herzulaufen und sie aufzuhalten.
- Tau ziehen: Für Hunde ist es wichtig, Dinge in ihren Besitz zu bekommen. Früher handelte es sich dabei um Fleischstücke, heute werden diese durch Gummi-Spielzeuge oder ein Seil ersetzt.
- Quietsch-Spielzeug: Ein quietschender Gegenstand stimuliert den primitiven Instinkt des Beißens und Tötens. Vor allem Terrier, die für die Jagd und Tötung kleiner Tiere gezüchtet wurden, finden Gefallen an diesem Spielzeug. Wie stark der Beutetrieb Ihres Hundes ist, werden Sie daran sehen, wie intensiv er sich mit diesen Spielzeugen beschäftigt.

Kauen ist gut für Zähne und Kiefer. Hunde tun dies ihr ganzes Leben lang gern, nicht nur im Welpenalter.

HUNDE, DIE NICHT SPIELEN WOLLEN

Wenn Ihr Hund nicht spielen will, dann kann es daran liegen, dass er es nie gelernt oder nur mit anderen Hunden, nicht mit Menschen, gespielt hat. Beginnen Sie mit weichem Plüsch-Spielzeug, um seine Instinkte zu stimulieren. Bewegen sie es schnell und hektisch, wobei Sie sich auf das Spielzeug und nicht Ihren Hund konzentrieren. Machen Sie einen Spaß daraus, es einer zu einer anderen Person oder in die Luft zu werden, bis Ihr Hund Lust bekommt, bei dem Spiel mitzumachen. Überlassen Sie ihm das Spielzeug und beenden Sie das Spiel, wenn es ihm am meisten Spaß macht. Bald wird er mehr Freude daran haben, mit Ihnen und einem Spielzeug zu spielen und Sie können die Spielzeiten ausdehnen.

Hunde, auf Dingen herum zu kauen. Bei den handelsüblichen Futtermitteln hat der Hund oft nicht viel zu kauen, so dass man ihm geeignete Kauartikel zur Verfügung stellen sollte.

DER FORTPFLANZUNGSTRIEB

Tiere wollen von Natur aus ihre Gene an nachfolgende Generationen weiter geben. Ein ausgewachsener Hund wird instinktiv versuchen, sich mit einer empfängnisbereiten Hündin zu paaren. Rüden nützen jede Gelegenheit zur Paarung, vor allem dann, wenn sich in der Nähe eine läufige Hündin befindet, während Hündinnen etwa zwei Mal jährlich läufig werden.

Hunde unterscheiden sich jedoch in ihren Bemühungen, die sie unternehmen, um ihr Ziel zu erreichen. Manche Hunde bleiben selbst bei einer läufigen Hündin in der Nachbarschaft lieber zu Hause, während andere ausreißen und draußen übernachten, bis die Läufigkeit vorüber ist. Ähnlich verhält es sich bei Hündinnen, bei denen auch nicht alle während der Läufigkeit zu entkommen versuchen. Rüden mit einem starken Paarungstrieb zeigen oft unerwünschte Verhaltensweisen wie Ausreißen und Streunen, Besteigen von Kissen, Decken, Beinen von Menschen und kleinen Kindern. Wenn Sie einen solchen Rüden besitzen, dann sollten Sie ihn kastrieren lassen, um dieses unerwünschte Verhalten zu stoppen. Das ist letztendlich besser für ihn als ständig frustriert zu sein oder für sein Verhalten bestraft zu werden. Genau so verhindert eine Sterilisation bei Hündinnen, dass sie während ihrer Läufigkeit ausreißen und Sie ein paar Monate später mit einem Wurf Welpen unerwünschter überraschen.

Was passiert, wenn die Bedürfnisse des Hundes ignoriert werden?

Wenn Sie die Grundbedürfnisse Ihres Hundes ignorieren, dann nur zu Ihrem Nachteil! Kann der Hund seinen Wunsch nach sozialen Kontakten, Sicherheit, Auslauf, Spielen und Kauen nicht befriedigen, dann wird dies unerfreuliche Folgen haben, weil er sich anderweitig zu beschäftigen versucht.

Wird einem Hund der soziale Kontakt verweigert, dann sucht er ständig nach Zuwendung oder versucht zu entkommen, um anderswo eine soziale Gruppe zu finden. Ein Hund, der sich unsicher fühlt, zeigt eine Reihe unerwünschter, defensiver Verhaltensweisen. Ein Hund mit Bewegungsmangel geht ständig auf und ab, steht Ihnen im Weg oder sucht sich irgendeine, nicht immer

DIE BEDÜRFNISSE IHRES HUNDES

wünschenswerte Beschäftigung. Draußen rennt er wahrscheinlich auf und davon und kommt nicht wieder oder jagt Dingen nach, die sich bewegen – wenn er nicht mit Spielzeugen spielt. Ein Hund, der nie etwas zu kauen bekommt, wird sich ersatzweise über Ihre besten Schuhe oder andere, zufällig herumliegende Dinge hermachen.

Wenn Sie über die Bedürfnisse Ihres Hundes Bescheid wissen und dafür sorgen, dass er sie ausleben kann, dann werden Sie einen zufriedenen und artigen Hund haben. Wenn Sie dagegen seine Grundbedürfnisse ignorieren, dann haben Sie einen frustrierten Hund mit schlechtem Benehmen.

EINE FREUND-SCHAFT AUFBAUEN

Es gibt nichts Effektiveres als Spielen, wenn Sie die Bindung zwischen Ihnen und Ihrem Hund festigen möchten. Beim Spielen kommen Stärken und Schwächen zum Vorschein und Herr und Hund lernen sich besser kennen. Es ist anfangs sehr wichtig, dass Sie viel mit Ihrem Hund spielen oder es ihm nötigenfalls erst beibringen.

Das Spielen auf Spaziergängen kann helfen, das Interesse des Hundes auf Sie zu lenken. Er wird dann nicht so leicht ausreißen und in Schwierigkeiten geraten.

KAPITEL 6

Grundausbildung

Wenn Ihr Hund gelernt hat, auf Befehl zu Ihnen zurückzukommen, anständig an der Leine zu gehen und sich auf Wunsch hinzusetzen oder zu legen, dann gestaltet sich das Zusammenleben viel leichter und angenehmer. Es kann sein, dass Ihr Hund einige Kommandos bereits kennt, so dass es ratsam ist, Tests durchzuführen, auf welche Worte und Handzeichen er reagiert. Leider kennen viele Hunde nur den Befehl „Sitz" und sonst nichts, aber wenn Sie mit positiven Methoden arbeiten, wird sich die Ausbildung lohnen und auch Spaß machen.

Ein gut ausgebildeter Hund macht den Alltag leichter und angenehmer.

Sobald Ihr Hund bei Ihnen zu Hause angekommen ist, sollten Sie auf gutes Benehmen und Verhalten achten, das Befolgen von Befehlen kann warten, bis sich zwischen Ihnen beiden ein gutes Verhältnis entwickelt hat. Ihr Hund wird eher bereit sein, Ihren Befehlen Folge zu leisten, wenn Sie sich als Anführer und Freund etabliert haben und das dauert eben eine gewisse Zeit.

WISSENSWERTES FÜR DIE AUSBILDUNG

- Kurze Trainingseinheiten sind wichtig. Zehn dreiminütige Unterrichtseinheiten bringen mehr als eine dreißigminütige.
- Die Trainingsstunden sollten immer harmonisch enden. Geben Sie dem Hund einen Befehl, den er gut beherrscht und belohnen Sie ihn dafür.
- Hören Sie sofort auf, wenn Sie merken, dass Sie frustriert oder wütend sind.
- Belohnen Sie richtiges Verhalten gleich hinterher.

Handzeichen sind einfacher als Worte

Für einen Hund ist die Körpersprache weitaus besser zu verstehen als gesprochene Worte. Beim Erlernen von gesprochenen Kommandos können Hand- und Armsignale helfen. Sobald der Hund die Befehle zuverlässig befolgt, können Sie die Körpersignale wieder reduzieren und nur noch Kommandos verwenden.

Hunde bildet man nicht an einem Tag aus

Es braucht monatelanges, regelmäßiges Training und sehr, sehr viele Wiederholungen, bis sich das Erlernte in das Gehirn des Hundes eingeprägt hat. Erwarten Sie nicht gleich zu viel, vor allem wenn Sie sich auf gesprochene Befehle beschränken.

Hunde sind zwar hoch entwickelte, komplex angelegte Tiere, das Erlernen gesprochener Befehle fällt ihnen jedoch von Natur aus schwer. Wenn Sie im Zweifel sind, dann gehen Sie immer davon aus, dass er nicht alles verstanden hat und zeigen Sie ihm, was er zu tun hat.

Andere Gegebenheiten, unterschiedliche Orte

Denken Sie daran, dass sich Hunde in Zusammenhang mit einem Ereignis eine Reihe von Assoziationen merken. Wenn also Ihr Hund lernen soll, ein Wort mit einer bestimmten Handlung oder einer Belohnung in Verbindung zu bringen, dann müssen Sie den Vorgang an verschiedenen Orten und bei unterschiedlichen Gegebenheiten wiederholen. Ihr Hund wird merken, dass nur das mit einer bestimmten Handlung assoziierte Wort – und nicht all die anderen Assoziationen – gilt und er die Belohnung erhält, sobald er auf Befehl eine bestimmte Handlung ausführt.

Ablenkungen

Hunde lernen besser in einer ruhigen Umgebung ohne Ablenkungen. Sobald der Hund weiß, was von ihm verlangt wird, sollten sie den Grad an Ablenkungen steigern, damit er Ihnen gehorchen lernt, auch wenn er lieber etwas anderes tun würde. Dazu sollten Sie ihn zu Anfang an der Leine halten, damit er nicht wegrennen kann und in der Ablenkung seine „Belohnung" sieht.

Steigern Sie die Ablenkungen, bis er Ihnen schließlich auch dann gehorcht, wenn er den machtvollen Drang in sich verspürt, etwas anderes zu tun.

Unter Kontrolle

Bis Sie garantieren können, dass Ihr Hund Ihren Befehlen gehorcht, müssen Sie ihn körperlich unter Kontrolle haben, dass er nicht durch sein Wegrennen belohnt wird.

Sanfte und effektive Ausbildungsmethoden

Hunde lernen schneller und können mehr aufnehmen, wenn sie für richtiges Verhalten belohnt, anstatt für schlechtes bestraft werden. Ein effektives Training umfasst Belohnungen und Anreize und ist für beide Seiten mit viel Spaß verbunden.

Finden Sie heraus, wie Sie Ihren Hund motivieren können. Was mag er am liebsten: Fressen, Bällen hinterher rennen, Tauziehen spielen, an Quietschtieren nagen, gestreichelt oder gelobt werden? Wenn er eines dieser Dinge (oder auch alle) besonders mag, dann verwenden Sie sie als Anreiz und Belohnung, wenn er einem Ihrer Befehle gehorcht hat. Wenn er jedoch lieber frei läuft oder jagt, dann wird es schwieriger für Sie, weil Sie ihm zuerst beibringen müssen, das Spielen mit Ihnen mehr zu genießen. Das dauert seine Zeit und sollte auf alle Fälle vor Beginn der Ausbildung erfolgen. Es gibt nichts Frustrierenderes als zu versuchen, einen Hund auszubilden, der nicht das geringste Interesse an Ihnen und Ihren Anreizen hat. Wenn Sie ihn nicht dazu bringen können, mit Spielzeugen zu spielen, dann füttern Sie ihn eine Woche lang aus der Hand, damit er lernt, dass Sie die Quelle sind, die er zum Überleben braucht. Sobald sich sein Interesse auf das Futter konzentriert, geben Sie etwas davon in ein Spielzeug, damit er sieht, dass auch dies seinen Reiz hat.

Die Belohnungshappen werden noch verlockender, wenn man Sie vor dem Training eine Zeitlang entzieht. Wer interessiert sich schon für einen Schokokeks, wenn er gerade eine ganze Packung davon gegessen hat?

AUF BEFEHL ZURÜCKKOMMEN

Wenn Sie Ihren Hund jederzeit zurückrufen können, kann er ohne Risiko von der Leine gelassen werden. Daher ist dies einer der wichtigsten Punkte in der Hundeausbildung.

Oben: Nehmen Sie Leckerli und Spielzeuge auf Ihre Spaziergänge mit, damit Sie immer wieder eine Trainingslektion einbauen können.

1. Schritt

1. Schritt: Beginnen Sie in Haus und Garten. Rufen Sie Ihren Hund freudig zu sich und halten Sie eine Belohnung für ihn bereit, wenn er bei Ihnen ankommt. Bauen Sie diese Übung allmählich aus, indem Sie über den Tag verteilt regelmäßig üben und jedes Mal eine Belohnung bereit halten, bis der Hund im Eiltempo zu Ihnen gerannt kommt, selbst wenn er gerade mit etwas anderem beschäftigt war.

2. Schritt   3. Schritt

2. Schritt: Führen Sie Ihren Hund an einer langen Leine an einen ruhigen Ort und warten Sie, bis er die Umgebung erkundet hat. Wenn er sich von Ihnen abwendet und dabei nicht in etwas anderes vertieft ist, dann rufen Sie ihn mit den gleichen Worten und im gleichen Tonfall wie zu Hause zu sich und belohnen ihn, wenn er den Befehl ausgeführt hat. Reagiert er nicht, dann ziehen Sie an der Leine zu sich und belohnen ihn, wenn er ein paar Schritte auf Sie zumacht. Rennen Sie rückwärts und fordern Sie ihn freudig auf, es Ihnen gleich zu tun. Belohnen Sie ihn, wenn er zu Ihnen kommt.

3. Schritt: Wenn Ihr Hund gern hinter Dingen her rennt, dann zeigen Sie ihm ein Spielzeug und werfen dieses hinter sich, damit er beim nächsten Mal sofort auf Sie zugerannt kommt. Werfen Sie es nicht zu weit, sonst wird er Sie beim Hinterherlaufen umrennen.

4. Schritt: Wenn er das Spielzeug hat, führen Sie ihn mit Hilfe der Leine zu sich zurück und zeigen Ihm, wie sehr Sie sich darüber freuen. Loben Sie ihn, während er das Spielzeug ein paar Augenblicke im Maul hält und nehmen Sie es ihm dann weg. Fassen Sie das Spielzeug und seinen Kopfbereich eine Zeitlang nicht an, sonst wird er nicht mehr gern zu Ihnen zurückkommen, weil er glaubt, Sie nehmen ihm seine Beute weg.

4. Schritt

Übung macht den Meister

5. Schritt: Wenn der Hund auf Zuruf zu Ihnen kommt, dann versuchen Sie die gleiche Übung, wenn er mit etwas anderem beschäftigt ist. Benutzen Sie die Leine, um ihn von seiner Tätigkeit abzubringen und bekräftigen Sie gegebenenfalls Ihr Kommando. Dadurch wird der Hund auf Zuruf noch zuverlässiger zu Ihnen kommen, selbst wenn er sich lieber mit etwas anderem beschäftigen würde. Sobald er zu Ihnen gekommen ist, erlauben Sie ihm, zur Belohnung an die Stelle zurückzukehren, an der er sich vorher beschäftigt hat.

5. Schritt

6. Schritt: Üben Sie regelmäßig weiter, bis der Hund – trotz aller Ablenkungen von der Umwelt – Ihren Befehlen immer Folge leistet. Verwenden Sie eine Wäscheleine oder eine ähnlich lange Leine, um seinen Freiraum zu vergrößern und üben Sie in verschiedenen Gegenden, bis er absolut

6. Schritt

zuverlässig gehorcht. Wenn Sie ihn so weit haben, dann suchen Sie einen ruhigen Ort ohne Straßenverkehr, Hunde oder Wildtiere und lassen Sie ihn von der Leine (er sollte jedoch unbedingt ein Halsband mit Adressanhänger tragen, falls er doch davon rennt). Lassen Sie ihn zuerst frei laufen, bevor Sie den Rückruf mit ihm üben. Belohnen Sie ihn, wenn er kommt und lassen Sie ihn wieder frei laufen.

SPAZIERGÄNGE AN DER LOCKEREN LEINE

Wenn Ihr Hund gelernt hat, anständig an der Leine zu gehen, dann werden sich die Familienmitglieder eher bereit erklären, mit ihm spazieren zu gehen. Er bekommt dann mehr Auslauf und verhält sich folglich auch ausgeglichener. Es gibt zwei Methoden, dem Hund das Leine gehen beizubringen: Zum einen mit Hilfe eines Hundehalfters, zum anderen, indem man ihm beibringt, dass er nicht an der Leine ziehen darf.

Hundehalfter

Wenn Sie sich für ein Hundehalfter entscheiden, dann legen Sie es den Anweisungen entsprechend an und ignorieren Sie die Versuche Ihres Hundes, es abzustreifen. Manche Hunde verhalten sich zu Beginn recht ungehalten, überwinden ihre Abneigung jedoch auch sehr schnell, wenn Sie nicht aufgeben. Die meisten Hunde gewöhnen sich schnell an ein Halfter und lernen dadurch, nicht an der Leine zu ziehen. Achten Sie darauf, an der Leine nicht ruckartig zu ziehen, da Sie damit den Hals des Hundes verletzen. Sobald sich der Hund daran gewöhnt hat, dass das Halfter um seine Schnauze und hinter seinen Ohren befestigt wird, können Sie es dazu verwenden, die Kopfstellung zu korrigieren, so dass der Hund nicht ziehen kann.

Hunde lernen schnell und werden schon bald begriffen haben, dass sie mit einem Hundehalfter nicht an der Leine ziehen können.

ZIEHEN AN DER LEINE

Die meisten Hunde ziehen an der Leine, weil sie schneller gehen möchten. Wenn Sie jedes Mal stehen bleiben, wenn Ihr Hund an der Leine zieht, dann wird er schließlich begreifen, dass er gehen soll ohne zu ziehen. Diese Methode funktioniert bei allen Hunden, verlangt aber Durchhaltevermögen, besonders bei solchen Hunden, die ihre Vorbesitzer jahrelang in der Gegend herumgezogen haben. Üben Sie zuerst an einem ruhigen Ort, wenn Sie genügend Zeit zur Verfügung haben. Sie können den Prozess beschleunigen, wenn Sie im Garten Bälle für ihn werfen, bis er

GRUNDAUSBILDUNG

1. Schritt

2. Schritt

3. Schritt

müde ist oder lassen Sie ihn auf freiem Gelände herumtoben.

Durchzuhalten ist alles. Sobald die Leine straffer wird, müssen Sie anhalten. Wenn Sie in Eile sind, dann verwenden Sie ein Hundehalfter, damit das Training bisher nicht umsonst war. Das Training beginnt, sobald Sie den Hund angeleint haben: Erlauben Sie ihm nicht, Sie aus dem Haus zu ziehen. Die ersten Spaziergänge mögen zwar lange dauern, doch Ihr Hund wird schnell begreifen.

1. Schritt: Sobald sich die Leine strafft, bleiben Sie stehen. Bei sehr stürmischen Hunden oder solchen, die schon jahrelang an der Leine gezogen haben, müssen Sie Ihr Gewicht einsetzen, um sie mit einem Leinenruck abrupt zum Stehen zu bringen.

2. Schritt: Halten Sie die Hände nah am Körper, um Ihrem Körper maximale Stabilität zu verleihen, wenn der Hund zieht. Wenn sich der Hund umdreht, um zu sehen, warum Sie angehalten haben, rufen Sie ihn zu sich. Wenn er weiter zieht, dann rucken Sie ein paar Mal an der Leine, damit er sich nicht dagegen lehnen kann und rufen ihn zu sich, sobald er aufgehört hat zu ziehen.

3. Schritt: Versuchen Sie, ihn dazu zu bewegen, an Ihre Seite zurückzukehren.

4. Schritt: Wenn er in der richtigen Stellung geht, dann loben Sie ihn und gehen schnell vorwärts. Loben Sie ihn und gehen Sie so lange weiter wie die Leine locker bleibt.

5. Schritt: Nicht an der Leine zu ziehen bedeutet nicht, dass Ihr Hund immer dicht neben Ihnen gehen muss. Mit einer langen Leine oder einer Flexi-Leine hat Ihr Hund recht viel Spielraum. Sobald sich die Leine jedoch spannt, wiederholen Sie die Übung ab dem 1. Schritt, so oft es nötig ist.

4. Schritt

5. Schritt

„SITZ", „PLATZ" UND „BLEIB"

Diese drei Kommandos sind für Ihren Hund nützlich und einfach zu lernen. Es kann sein, dass er sie schon kennt und nur etwas „Auffrischung" nötig hat, um schneller darauf zu reagieren.

„SITZ"

1. Schritt: Zeigen Sie Ihrem Hund ein Leckerli und sagen Sie dabei „Sitz". Reagiert er nicht, dann halten Sie ihm eine leckere Belohnung vor die Nase.

1. Schritt

2. Schritt

3. Schritt

2. Schritt: Bewegen Sie die Hand mit der Belohnung nach oben und hinten. Wenn er mit seiner Nase mitgeht, dann sollte sich sein Hinterteil automatisch senken. Wenn Ihr Hund stattdessen rückwärts geht, dann führen Sie ihn in eine Ecke, damit er dies nicht tun kann.

3. Schritt: Geben Sie ihm die Belohnung, sobald sein Hinterteil den Boden berührt und loben Sie ihn, während er noch sitzt.

Fahren Sie mit dieser Übung fort, bis Ihr Hund begriffen hat, was Sie von ihm wollen. Sie werden schließlich merken, dass er allmählich versteht, was von ihm erwartet wird, indem er sich schon hinsetzt, wenn Sie ihm die Belohnung zeigen. Üben Sie an verschiedenen Orten und bei unterschiedlichen Gelegenheiten, bis er sich auf Befehl zuverlässig setzt.

GRUNDAUSBILDUNG 97

1. Schritt

2. Schritt

„PLATZ"

1. Schritt: Ihr Hund sollte sich in Sitzstellung befinden. Zeigen Sie ihm etwas, was er sehr mag und bewegen Sie es nach unten. Es ist im Allgemeinen leichter, ihm an Stelle eines Spielzeugs eine Belohnung zu zeigen, weil Sie diese in Ihrer Hand verstecken können, bis der Hund den Befehl ausgeführt hat.

2. Schritt: Lenken Sie seine Aufmerksamkeit auf das, was Sie in der Hand halten, geben Sie es ihm aber nicht. Der Hund wird schließlich müde werden, seinen Kopf dauernd gesenkt zu halten und wird sich bequem hinlegen.

3. Schritt: Sobald der Hund liegt, geben Sie ihm die Belohnung und loben ihn.

3. Schritt

1. Schritt

2. Schritt

„BLEIB"

1. Schritt: Lassen Sie Ihren Hund „Sitz" machen. Geben Sie ihm den Befehl „Bleib" und bleiben Sie ruhig neben ihm stehen. Warten Sie kurze Zeit und loben Sie ihn dafür, dass er sitzen geblieben ist. Wenn er aufsteht, dann bringen Sie ihn wieder in die gleiche Position und wiederholen den Befehl. Wenn er ständig aufsteht, dann sollten Sie vor der nächsten Trainingsstunde mehr mit ihm üben oder ihm noch einmal von Grund auf die Kommandos „Sitz" oder „Platz" beibringen.

2. Schritt: Sobald der Hund gelernt hat, dass er sitzen bleiben muss, wenn Sie neben ihm stehen, geben Sie ihm das Kommando „Sitz" und gehen dann einen Schritt zur Seite. Mit Hilfe der Leine können Sie ihn am Aufstehen hindern und ihn wieder in die richtige Position bringen, wenn er sich bewegt. Warten Sie eine Weile ab und gehen Sie dann zu ihm zurück und loben Sie ihn überschwänglich. Üben Sie, bis Sie keine Leine mehr brauchen.

3. Schritt: Wenn Ihr Hund sitzen bleibt, während Sie zur Seite gehen, können Sie fortfahren, indem Sie vor ihn hinstellen. Ein Handzeichen kann helfen, dem Hund klar zu machen, was Sie von ihm verlangen und kann zusätzlich zu einem Befehl eingesetzt werden. Gehen Sie zu ihm zurück und loben Sie ihn wie schon zuvor.

3. Schritt

TIPP

Binden Sie Ihren Hund immer fest, wenn Sie ihn in der Öffentlichkeit unbeaufsichtigt lassen. Es gibt zu viele Dinge, durch die er abgelenkt werden und einen Unfall verursachen könnte.

Bauen Sie diese Übung allmählich aus, bis Ihr Hund auch über längere Zeit hinweg und in verschiedenen Positionen sitzen bleibt. Diese Übung ist sehr nützlich, wenn Sie möchten, dass der Hund bei offener Tür im Auto bleibt, bis Sie ihn angeleint haben oder Sie ihn neben sich ablegen wollen, wenn Sie auf Besuch sind.

HUNDESCHULEN

Hundeschulen können Ihnen bei der Lösung von Ausbildungsproblemen helfen und Ihre Freude fördern, bis Ihr Hund ein angemessenes Niveau erreicht hat. Viele Tierheimhunde fürchten sich jedoch vor Hunden oder Menschen und verhalten sich aggressiv. Wenn Ihr Hund scheu oder aggressiv gegenüber Menschen oder Hunden ist, dann sollten Sie ihn besser zu Hause oder mit einem privaten Hundetrainer ausbilden.

Wenn Sie eine Hundeschule besuchen, dann sollten Sie vorher mit Ihrem Hund dort hingehen und zu sehen, ob Sie mit den Methoden einverstanden sind. Der Ausbilder sollte mit Belohnung statt mit Strafe arbeiten. Fragen Sie Ihren Tierarzt, vielleicht kann er Ihnen eine solche Hundeschule empfehlen.

Scheues und aggressives Verhalten

Wenn Sie sich Ihren Hund nach den vorher beschriebenen Kriterien ausgesucht haben, dann sollten eigentlich keine echten Aggressionen auftreten, es sei denn, Sie hatten Pech oder haben bewusst einen Problemhund gewählt. Hunde können nicht sprechen und uns mitteilen, was wir falsch gemacht haben und wenn wir ihre Körpersprache ignorieren – wie es so häufig der Fall ist, dann gibt es für sie nur noch einen Weg, unserem Tun Einhalt zu gebieten. Zwar gewöhnen sich die meisten Hunde problemlos in ihr neues Zuhause ein. Trotzdem kann es hilfreich sein, über einige Ursachen für aggressives Verhalten Bescheid zu wissen und Warnsignale erkennen zu können.

Ursachen für aggressives Verhalten

Kein Hund wird ohne Grund aggressiv. Die meisten Zwischenfälle geschehen, weil der Hund Angst hat und sich verteidigen will. Manchmal möchte er seinen Besitz verteidigen, wie sein Futter oder Revier. Oder er möchte seine Rangstellung innerhalb des Rudels verbessern. Manche Hunde verhalten sich kleineren Tieren gegenüber aggressiv, weil diese ihren Beuteinstinkt auslösen. Wenn Ihr Hund aggressives Verhalten zeigt, dann sollten Sie einen Experten für Tierverhalten aufsuchen (siehe Kapitel 9).

ANGST UND SCHEUHEIT

Ursache für die meisten Ängste ist mangelnde Sozialisierung mit Menschen und anderen Tieren während des Welpenalters. Schlecht sozialisierten Hunden sind viele Dinge in unserer Umwelt nicht vertraut, was ihre Angst noch steigert. Hunde mit diesem Problem sind meistens scheu und ängstlich, sobald sie in eine neue Umgebung kommen. Sie sind fremden Menschen gegenüber oft misstrauisch, vor allem wenn diese dunkle Kleidung oder etwas Ungewöhnliches in der Hand tragen. Männern wird oft mehr Misstrauen entgegen gebracht als Frauen, weil diese meist die Welpen aufziehen und die Männer nur wenig Kontakt mit ihnen haben.

Ein ängstlicher Hund duckt sich, ist fluchtbereit und hechelt sehr schnell.

WARNSIGNALE

Wenn Ihr Hund ärgerlich auf Sie ist, dann wird er Sie das merken lassen, bevor er zubeißt. Folgende Warnsignale sollten Sie beachten:

- Er setzt die Körpersprache deutlich ein, duckt sich, legt die Ohren an, senkt den Schwanz und blickt Sie unverwandt an.
- Wenn Sie dies ignorieren, dann knurrt er und entblößt seine Zähne.
- Es kann sein, dass er wie angewurzelt wirkt und Sie anstarrt.
- Er schnappt in die Luft, um deutlich zu machen, dass er es Ernst meint.

Wenn diese Warnsignale unbeachtet bleiben, kann der Hund zubeißen. Durch Bestrafung dieses Verhaltens lernt der Hund nur, keine Vorwarnung mehr zu geben, bevor er zubeißt und er wird unberechenbar. Das kann Ihrem Hund in der Vergangenheit schon widerfahren sein, so dass er kaum Zeichen gibt, die sein Zubeißen ankündigen.

Es ist wichtig, dass Sie Situationen meiden, in denen Ihr Hund aggressiv werden könnte und wenn er Zeichen gibt, müssen Sie die Situation sofort entschärfen (siehe Seite 108).

Die Angst eines Hundes kann auch auf einem unangenehmen oder schmerzhaften Erlebnis beruhen, so dass er immer dann ängstlich reagiert, wenn die gleichen Umstände wieder eintreten. Schlechte Behandlung durch den Besitzer oder andere Menschen

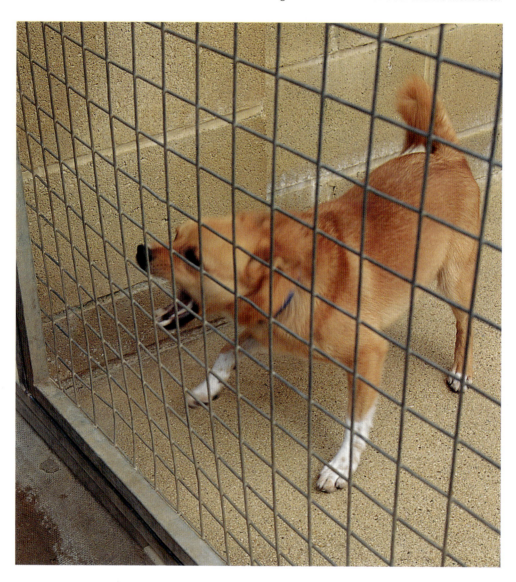

Ein Hund, der eine defensive Aggressivität zeigt, macht keinen ängstlichen Eindruck, obwohl er es ist. Dieser Hund zeigt ein Verhalten, das den Gegner einzuschüchtern soll.

kann dazu führen, dass sich der Hund vor bestimmten Menschen fürchtet. Ängstliche Hündinnen können ihre Angst auf die Welpen übertragen.

Vier Verteidigungsstrategien

Wenn sich ein Tier bedroht fühlt, kann es sich für eine von vier Strategien entscheiden, um der Bedrohung entgegen zu treten. Es kann auch sehr rasch und ohne Vorwarnung zwischen den einzelnen Strategien hin – und herwechseln. Diese Strategien sind Kampf, Flucht, Verharren und Beschwichtigung.

Kampf: Um eine nahende Bedrohung abzuwenden, setzen viele Hunde Knurren und Furcht erregende Mimik ein. Wenn diese Taktik fehl schlägt oder die Bedrohung zu schnell näher kommt, entscheidet sich der Hund fürs Kämpfen und Zubeißen. Beißen wird meistens erst als letztes Mittel eingesetzt, weil das Risiko, eine Verletzung davon zu tragen, zu hoch erscheint. Wird ein Hund zu dieser Strategie gezwungen, dann wird er schnell entdecken, wie effektiv sie ist und sie wahrscheinlich wieder einsetzen. Dazu braucht der Hund aber ein gewisses Selbstvertrauen. Starke Hunde entscheiden sich für diese Strategie eher, wenn sie sich in ihrem Revier, in der Nähe ihres Rudels oder an einem kleinen, leicht zu verteidigenden Ort befinden und nicht, wenn sie sich allein in fremder Umgebung aufhalten.

Flucht: Flucht ist die sicherste Form der Verteidigung, falls der Hund eine Stelle hat, an die er flüchten kann und nicht mit einer Leine an seinen Besitzer oder sonst wo angebunden ist. Die „Flucht-Strategie" eignet sich nicht, wenn sich der Hund auf einem begrenzten Raum wie in einem Auto, Käfig oder kleinen, eingezäunten Garten befindet: In diesem Fall wird er sich für die „Kampf-Strategie" entscheiden.

Verharren: Unbeweglich stehen bleiben und darauf zu hoffen, dass die Bedrohung vorüber geht, ist eine Strategie, die nur manchmal funktioniert. Wenn ein Hund regungslos in einer Stellung verharrt, dann ist er bereit, auch eine der anderen Strategien einzusetzen, wenn das Verharren keine Wirkung zeigt. Diese Option wird oft von freundlichen, scheuen Hunden gewählt.

Beschwichtigung: Bei der Begegnung mit einem ranghöheren oder gefährlichen Tier zeigen Welpen und Junghunde oft Gesten der Unterwerfung. Sie lecken sich über die Lefzen, legen die Ohren an, heben eine Pfote, rollen sich auf den Rücken, heben ein Hinterbein, um die Lendengegend zu zeigen, setzen kleine Urinmengen ab oder alles zusammen. Mit diesen Gesten wird zum Ausdruck gebracht, dass das stärkere Tier keinerlei Bedrohung zu befürchten hat und daher auch nicht aggressiv werden muss. Manche Hunde zeigen dieses Verhalten auch noch wenn sie erwachsen sind, die meisten aber in der Jugendzeit.

Physiologische Veränderungen

Bei einem Tier, das unter Bedrohungsstress steht werden Hormone und andere chemische Stoffe ins Blut frei gesetzt, Herzschlag und Atmung sind beschleunigt und die Blutversorgung der

TIPP

Seien Sie eher froh gelaunt als mitfühlend, wenn Ihr Hund Angst zeigt. Wenn er merkt, dass Sie die Sache gar nicht Ernst nehmen, dann wird sich auch seine Furcht legen.

Scheue Hunde können ihre Furcht überwinden, wenn sie von Fremden leckere Belohnungshappen angeboten bekommen.

lebenswichtigen Organe wird verstärkt. In Stress-Situationen kann ein Hund zittern, aufgeregt hecheln, über seine Pfoten Schweiß absondern und wahrscheinlich sein Geschäft verrichten wollen. Diese körperlichen Veränderungen werden recht schnell wieder verschwinden, sobald die Bedrohung vorüber ist, die physiologischen Veränderungen jedoch können noch einige Tage lang fortbestehen, so dass der Hund auf jede weitere Bedrohung vorbereitet ist. Denken Sie daran, wenn Ihr Hund ängstlich und scheu ist. Ein für ihn mit Stress verbundenes Erlebnis, wie die Ankunft in einem neuen Heim oder der Besuch beim Tierarzt, kann genügen, um diese Veränderungen zu bewirken. Einige Tage nach einem Angsterlebnis und möglicherweise auch in den ersten Tagen in seiner neuen Familie kann Ihr Hund schneller ein defensives Verhalten zeigen als normalerweise.

Umgang mit Scheuheit

Viele scheue Hunde fürchten sich vor allem Unbekannten. Wenn Sie sich einen solchen Hund geholt haben, dann kann es eine Weile dauern, bis er sich eingelebt hat. Wenn Sie ruhig mit ihm umgehen, ihn nur langsam neuen Situationen aussetzen und ihn dabei nie überfordern, dann sollte er mit der Zeit mutiger werden. Wenn Sie jedoch die Dinge zu schnell angehen, vor allem wenn Sie ihn zu Begegnungen zwingen, die ihm Angst machen, dann wird sich sein Verhalten wahrscheinlich verschlimmern und er könnte eventuell aggressiv werden.

Um einen scheuen Hund nicht zu überfordern, sollten Sie seine Körpersprache beobachten, um zu erkennen, wann er ein Erlebnis genießt und wann es ihm Angst macht (siehe Seite 81). Achten Sie auf die Stellung der Ohren und der Rute, weil sich daraus erste Schlüsse ziehen lassen. Beobachten Sie, was ihm am meisten Furcht einflößt – sind es fremde Menschen, andere Hunde oder eine neue Umgebung? Wenn Sie die Ursache kennen, dann sollten Sie ihn gezielt diesen Faktoren aussetzen und dabei die „Dosis" immer mehr steigern.

Kombinieren Sie dies mit Aktivitäten, die er liebt, wie Spielen oder Fressen, dann wird er schneller Zutrauen fassen. Wenn sich Ihr Hund vor Autos fürchtet, dann führen Sie ihn an eine Stelle, von wo aus er den Verkehr in der Ferne sehen kann, sich jedoch noch nicht fürchtet. Spielen Sie dort mit ihm, dass er es genießt, an diesem Ort zu sein und bewegen Sie sich dann etwas näher an den Verkehr heran. Machen Sie dies so lange, bis Sie glauben, dass bei Ihrem Hund eine Grenze erreicht ist. Dann beenden Sie das Ganze auf positive Art und Weise. Wenn Sie dies täglich wiederholen und ihn dabei nie in direkten Kontakt mit dem Verkehr bringen, wird er schon bald merken, dass ihm nichts geschieht. Es wird natürlich einige Zeit dauern, bis das Problem vollkommen bewältigt ist, eine Besserung sollte jedoch recht schnell zu sehen sein.

Dieser Hund ist beunruhigt und entfernt sich, um sicherer zu sein. Würde man ihn dazu zwingen, sich seiner Angst zu stellen, dann würde er aggressiv werden.

Für Besitzer scheuer Hunde ist es wichtig, dass sie darauf achten, dass sich ihr Hund immer sicher fühlt. Sobald er weiß, dass er sich in schwierigen Situationen auf Sie verlassen kann, wird er sich entspannen und seinen Spaß haben.

Aggressionen gegenüber Fremden

Beinahe jedes aggressive Verhalten gegenüber Fremden wird durch Angst verursacht. Selbst herkömmliches aggressives Revierverhalten gegen Postboten und andere Besucher wird durch Misstrauen verursacht. Wenn Ihr Hund jemanden gebissen hat, dann liegt es an Ihnen, ob er es wieder tun wird. Vor allem ist es wichtig, dass Sie Ihren Hund zu jeder Zeit unter Kontrolle haben und sich professionellen Rat einholen, um die Ursache des Pro-

Wenn Ihr Hund nach anderen schnappt, dann gewöhnen Sie ihn daran, einen Maulkorb zu tragen. Maulkörbe wie der abgebildete schränken den Hund nicht sehr ein und ermöglichen eine ausreichende Luftzirkulation an der Zunge.

blems zu ergründen und eine Behandlungsprogramm zu erarbeiten.

Wenn Sie das Problem allein in den Griff bekommen wollen, dann können Sie sich eventuell überfordert fühlen: Besser ist es, den Tierarzt um Rat zu fragen, der Ihnen sicher einen Verhaltenstherapeuten (siehe Seite 158) nennen kann. Sie können sich auch an das Tierheim wenden, aus dem Sie Ihren Hund geholt haben.

WIE SIE IHREN HUND AN EINEN MAULKORB GEWÖHNEN

Wenn sich Ihr Hund oft aggressiv verhält, dann sollten Sie ihn an einen gut sitzenden Maulkorb gewöhnen. Legen Sie ihm dazu den Maulkorb einige Minuten vor einem freudigen Ereignis wie Fütterungszeit, Ankunft einer geliebten Person oder Spielen, an. Ignorieren Sie seine Versuche, den Maulkorb abzustreifen und loben Sie ihn, wenn er ihn akzeptiert hat. Während dieser Eingewöhnungszeit nehmen Sie ihm einmal den Maulkorb ab und belohnen ihn sofort. Nach einigen Tagen wird er den Maulkorb allmählich akzeptieren und ihn länger tragen können. Wenn Sie so vorgehen, wird Ihr Hund den Maulkorb mit etwas Angenehmem in Zusammenhang bringen und ihn sich künftig problemlos überstreifen lassen. Wenn er ihn nur mit Unangenehmem, wie einem

Tierarztbesuch assoziiert, dann wird er ihn nicht gern tragen wollen.

Achten Sie darauf, dass er den Maulkorb immer trägt, wenn sich für ihn eine Gelegenheit zur Aggressivität bieten könnte. Maulkörbe schränken die Bewegungsfreiheit ein und können Angstbeißer noch ängstlicher machen, aber sie verhindern wenigstens eine Beißerei. Wenn Sie einen großen Hund besitzen, dem Sie nicht vollkommen trauen, dann sollten Sie ihm bei jedem Tierarztbesuch einen Maulkorb anlegen – für alle Fälle. Selbst der fügsamste Hund kann aggressiv werden, wenn er Schmerzen verspürt, so dass die Gewöhnung an einen Maulkorb durchaus ratsam ist.

ANGST VOR FREMDEN

Wenn Ihr Hund Personen anbellt oder Zeichen von Angst zeigt, kann man seine Einstellung Fremden gegenüber ändern. Dazu sollte Ihr Hund in einer ruhigen Atmosphäre verschiedene fremde Leute treffen, die ihm einer nach dem anderen vorgestellt werden, damit er sich allmählich an sie gewöhnen kann.

Beginnen Sie damit, dass Sie Ihren Hund in einen Nebenraum führen, sobald Sie einen Besucher erwarten, damit er ihm nicht an der Tür begegnet, wo seine Aufregung am größten ist. Bieten Sie dem Besucher einen Platz an und versorgen Sie ihn mit Spielzeug und Belohnungshappen, wenn er bereit ist mitzumachen. Wenn alles vorbereitet ist, führen Sie den Hund an der Leine herein und setzen sich nicht in die Nähe des Besuchers. Warten Sie, bis sich der Hund an alles gewöhnt hat, bevor Sie Ihren Gast bitten, ihn mit Hilfe von Leckerli oder einem Spielzeug zu sich zu rufen. Wenn Sie Ihrem Hund nicht ganz trauen, dann lassen Sie ihn nicht zu Ihrem Gast hingehen, sondern bitten diesen, dem Hund das Spielzeug oder Leckerli zuzuwerfen. Achten Sie darauf, dass Ihr Besucher den Hund

Gähnen kann ein erstes Anzeichen dafür sein, dass sich der Hund in einer Situation unsicher fühlt.

weder anstarrt noch eine plötzliche Bewegung macht, die ihm Angst machen könnte. Beenden Sie das Ganze auf positive Weise und führen Sie den Hund hinaus, bevor Ihr Gast Sie verlässt.

Solche Begegnungen zeigen dem Hund, dass er sich auf den Besuch dieser bestimmten Person freuen kann. Dies sollte jedoch mehrmals wiederholt werden, bis Ihr Hund die besagte Person freudig begrüßt. Anfangs ist es besser, wenn der Gast auf seinem Platz bleibt, später – wenn der Hund ihn bereits akzeptiert hat – sollte er dann aufstehen und sich in der Wohnung bewegen. Sie können diesen Prozess beschleunigen, indem Sie auf neutralem Gelände ein Treffen vorbereiten, wo sich Gast und Hund bei einem Spiel kennen lernen können.

Sobald Ihr Hund sich an eine Person gewöhnt hat, können Sie ihm die nächste vorstellen. Es ist empfehlenswert, mit Frauen zu beginnen, da sie von scheuen Hunden meist schneller akzeptiert werden als Männer. Wenn Sie auf diese Art den „Freundeskreis" Ihres Hundes vergrößern, dann wird sein Vertrauen in die Menschen wachsen und er wird ihnen mit Interesse und nicht mit Angst begegnen.

Während dieses Gewöhnungsprozesses sollten Sie darauf achten, dass Ihr Hund den ersten Schritt auf einen Menschen zu macht und nicht andersherum. Versuchen Sie, zu Beginn immer nur einen Gast auf einmal einzuladen, bis Ihr Hund auch mit mehreren gleichzeitig umgehen kann. Bestrafen oder schimpfen Sie den Hund nicht bei unerwünschtem Verhalten, sondern lenken Sie ihn ab, indem Sie ihn zu sich rufen, ihn „Sitz" machen lassen und dafür belohnen. Versuchen Sie, entspannt zu wirken und die Situation immer unter Kontrolle zu halten, damit Ihr Hund zu keiner Zeit überfordert wird. Wenn Sie Besuch von mehreren Leuten erwarten oder von einer Person, die sich vor Hunden fürchtet, dann sollten Sie Ihren Hund so lange in einem anderen Raum lassen.

ANGST VOR KINDERN

Verhält sich Ihr Hund Kindern gegenüber aggressiv, dann sollten Sie professionellen Rat bei einem Tierverhaltensexperten holen und den Hund ständig im Auge behalten und mit einem Maulkorb versehen, bis sich sein Verhalten gebessert hat.

Wenn Ihr Hund Angst vor Kindern hat, dann achten Sie besonders darauf, dass sie ihm nicht zu nahe kommen oder in die Enge treiben, weil er sich dadurch bedroht fühlen kann. Passen Sie gut auf, wenn Kinder in der Nähe sind und bringen Sie ihn an einen sicheren Ort, sobald Sie merken, dass er unruhig wird. Bestehen Sie darauf, dass Ihr Hund den ersten Schritt macht und nicht die Kinder auf ihn zugehen. Wenn er nicht auf die Kinder zugehen möchte, dann zwingen Sie ihn nicht dazu. Versuchen Sie, ihn zum Spielen mit den Kindern zu animieren und geben Sie

ihnen Leckerchen, die sie ihm zuwerfen können. So helfen Sie
ihm, seine Haltung gegenüber Kindern zu ändern, haben jedoch
die Garantie, dass die Kinder ihm nicht zu nahe kommen und ihn
erschrecken, bis er sie als Freunde akzeptiert hat.

Viele Hunde haben Schwierigkeiten im Umgang mit Kleinkindern, weil diese oft schreien, sich rasch bewegen und am Fell ziehen. Wenn Sie sehr kleine Kinder haben, benutzen Sie ein Trep-
pengitter, so dass sich Ihr Hund nicht ausgeschlossen fühlt, aber
aus dem Kinderzimmer fern gehalten wird.

Aggressivität gegenüber dem Besitzer

Wenn Ihr Hund zum ersten Mal Ihr Haus betritt, dann kennt er die
Menschen nicht, die in Ihrem Haushalt leben und misstraut ihnen. Besonders groß wird sein Misstrauen sein, wenn er vom Vorbesitzer bestraft oder misshandelt wurde. Außerdem wird er
stressbedingt, auf alles stärker reagieren und in die Defensive gehen. In den ersten Tagen sollten Knurren und andere Warnsignale
als Teil des Eingewöhnungsprozesses angesehen werden. Versuchen Sie nicht, ihn dafür zu bestrafen oder enttäuscht zu sein,
sondern verhindern Sie, dass sich die gleiche Situation noch einmal ergibt. Bemühen Sie sich umso mehr, das Vertrauen und die
Zuneigung Ihres Hundes zu gewinnen.

PROBLEME MIT DEM HALSBAND

Viele Hunde mögen es nicht, am Halsband festgehalten zu werden und können sogar beißen, wenn man sie dort plötzlich an-
fasst. Der Halsbereich ist beim Hund sehr empfindlich und ist zudem die Stelle, an der kämpfende Hunde ihren Gegner beißen.
Viele Hunde haben außerdem gelernt, dass es kein Entkommen
gibt, wenn man sie am Halsband festhält. Vielleicht wurden sie
früher auf diese Weise festgehalten, während man sie bestrafte
oder an einen Ort zog, der ihnen Angst machte.

Wenn Ihr Hund sich davor fürchtet, am Halsband angefasst zu
werden, dann gewöhnen Sie ihn allmählich daran, indem Sie sich
langsam und freundlich nähern. Sprechen Sie mit ihm und versuchen Sie, ihm klar zu machen, dass Ihre Absichten gut sind. Es
kann sein, dass Sie ihn am Anfang zu sich rufen müssen, anstatt
zu ihm zu gehen. Halten Sie ihn am Halsband, geben Sie ihm
eine leckere Belohnung und entlassen Sie ihn dann. Tun Sie dies
regelmäßig und steigern Sie allmählich die Geschwindigkeit, mit
der Sie sich ihm nähern, bis er Vertrauen zu Ihnen hat.

AGGRESSIVITÄT BEI SCHMERZEN

Wenn Ihr Hund Schmerzen hat und Ihnen nicht genügend vertraut, dann lässt er es eventuell nicht zu, dass Sie ihm helfen.

Wenn Ihr Hund einen Unfall hatte oder behandelt werden muss, dann kann es eine Weile dauern, bis er dies problemlos über sich ergehen lässt.

Gehen Sie die Dinge ruhig an und legen Sie ihm gegebenenfalls einen Maulkorb an. Streifen Sie ihm diesen ein paar Minuten vor der Behandlung über, damit er nicht beides miteinander in Verbindung bringt. Werden Sie nicht ärgerlich oder bestrafen ihn, wenn er aggressiv wird, weil dadurch das Problem nur schlimmer wird. Versuchen Sie, sich die Enttäuschung über sein Verhalten nicht anmerken zu lassen. Sie können ihm ja nicht klar machen, dass Sie nur das Beste für ihn wollen – Vertrauen braucht seine Zeit.

UMGELENKTE AGGRESSIONEN

Hunde beißen Menschen oft unabsichtlich, wenn sie sich über etwas anderes aufregen. Wenn Sie versuchen, einen Kampf zwischen zwei Hunden zu beenden, dann können Sie vom eigenen Hund gebissen werden. Ähnlich verhält es sich, wenn Ihr Hund einen anderen sieht, mit dem er gern kämpfen würde, Sie ihn aber zurückhalten: In diesem Fall kann er sich rasch umdrehen und Sie beißen, ohne dass er es wirklich beabsichtigt hat. Es ist daher am besten, sich von streitsüchtigen Hunden fern zu halten und eine Leine oder etwas anderes wie ein Kissen zu verwenden, um sie auseinander zu halten.

DOMINANZVERHALTEN GEGENÜBER DEM BESITZER

Manche Hunde wollen unbedingt das Rudel anführen. Wenn Sie Ihren Hund mit Bedacht ausgewählt und alle in Kapitel 4 beschriebenen Vorschläge beherzigt haben, dann sollte er eigentlich wissen, dass er der Rangniedrigste in Ihrem Haushalt ist.

Wenn sein Selbstbewusstsein mit der Zeit größer wird, dann könnte er auf den Gedanken kommen, sich mit dem schwächsten Familienmitglied anzulegen. Sobald er erste Aggressionen zeigt, sollten Sie einen Verhaltenspezialisten um Hilfe bitten. Ist seine Aggressivität erst ansatzweise vorhanden, dann sollten Sie die in Kapitel 4 beschriebenen Regeln mit aller Bestimmtheit durchsetzen und darauf achten, dass Sie und Ihre Familie in den nächsten Monaten als Sieger hervorgehen.

Aggressivität gegenüber anderen Hunden

Einige Hunde werden an der Leine aggressiv, nicht jedoch, wenn sie frei laufen dürfen, weil sie wissen, dass sie notfalls wegrennen können. Wenn Ihr Hund anderen gegenüber aggressiv ist, dann ist es wichtig, dass Sie ihn unter Kontrolle haben, damit andere

Der Hund links hat sich für Kampf entschieden, um den anderen Hund, der ihm zu nahe kam, in die Flucht zu schlagen.

Hunde sicher vor ihm sind. Selbst wenn er andere Hunde nicht beißt, so kann er sie doch erschrecken, was dazu führen kann, dass diese Hunde ängstlich und aggressiv werden. Sie bekommen höchstwahrscheinlich auch Ärger mit den anderen Hundebesitzern, wenn Sie Ihren Hund nicht unter Kontrolle haben. Suchen Sie einen Experten auf, wenn Ihr Hund ernsthaft aggressiv ist.

AGGRESSIVITÄT ALS VERTEIDIGUNG

Wie bei der Aggressivität gegenüber Menschen, beruht auch das aggressive Verhalten Hunden gegenüber meistens auf Angst. Die Ursache hierfür können mangelnde Sozialisierung im Welpenalter oder ein unangenehmes Erlebnis in der Vergangenheit sein.

Befindet sich ein Hund in einem neuen Revier, so hat er oft nicht genug Selbstbewusstsein, um seine Aggressivität zu zeigen: Nach ein paar Wochen kann jedoch eine Änderung seines Verhaltens stattfinden. Die beste Methode, mit aggressivem Verhalten gegenüber anderen Hunden fertig zu werden ist, die Aufmerksamkeit des Hundes auf Ihre Person zu lenken.

Üben Sie zunächst an einem Ort, an dem Sie Ihren Hund auf Abstand zu anderen Hunden halten können. Nehmen Sie sein

Lieblingsspielzeug und Belohnungen mit, bleiben Sie stehen und lassen ihn die Gegend erkunden. Sobald er sich für andere Hunde interessiert, rufen Sie ihn zu sich und spielen mit ihm oder geben ihm eine Belohnung. Bewegen Sie sich allmählich in Richtung der anderen Hunde, wobei Sie die Prozedur immer wiederholen, sobald er einen Blick auf die anderen wirft. Mit der Zeit wird der Hund immer auf Sie blicken, wenn sich ein anderer Hund nähert. Belohnen Sie ihn dafür.

Wenn er auf das Spiel oder die Belohnung nicht eingeht oder sehr nervös wirkt, dann befinden Sie sich vielleicht zu nahe bei den anderen Hunden. Gehen Sie etwas weiter weg und versuchen Sie es erneut. Wenn Ihr Hund auf einem Spaziergang überhaupt nicht spielen oder fressen will – selbst wenn keine anderen Hunde zu sehen sind –, dann sollten Sie ihm dies zuerst beibringen (siehe unten).

Vermeiden Sie engen Kontakt mit anderen Hunden, bis Ihr Hund mehr Selbstbewusstsein entwickelt hat, weil schlechte Erfahrungen immer einen Rückfall bedeuten. Wenn es sich jedoch nicht vermeiden lässt, wechseln Sie die Straßenseite, sobald ein anderer Hund erscheint, stellen sich zwischen Ihren und den fremden Hund, lassen Ihren Hund „Sitz" machen und versuchen Sie, seine Aufmerksamkeit auf die Belohnung zu richten. Beschäftigen Sie sich mit ihm, bis der fremde Hund vorbei gegangen ist, belohnen Sie ihn und setzen Sie Ihren Spaziergang fort.

Allmählich wird er Sie mit interessanten, angenehmen Dingen in Verbindung bringen und sich auf Sie statt auf andere Hunde konzentrieren. Er wird begreifen, dass Sie ihm Sicherheit und Zuflucht bieten und dass er in Ihrer Nähe nicht aggressiv sein muss, um andere Hunde fern zu halten. Wie bei der Behandlung aller auf Angst beruhender Probleme, braucht man auch hierzu Zeit und Durchhaltevermögen. Wenn Sie aber keine Fortschritte sehen, dann wenden Sie sich an einen Experten für Tierverhalten.

Das Schlimmste, was Sie einem Hund antun können, der sich vor anderen Hunden fürchtet, ist ihn in eine herkömmliche Hundeschule zu nehmen. Hier kommt er in engen Kontakt mit den von ihm so gefürchteten Hunden und alles wird sich für ihn nur verschlimmern.

SPIELEN MIT ANDEREN HUNDEN

Manche Hunde lieben das Spiel mit anderen Hunden so sehr, dass sie sehr enttäuscht sind, wenn man sie davon abhält. Sie haben in ihrer Jugendzeit wahrscheinlich nur mit Hunden und nicht mit Menschen gespielt, so dass es für sie ein wichtiger Bestandteil ihres Lebens ist. Bei den eher draufgängerischen und entschlossenen Hunden kann diese Frustration in Aggression umschlagen, die sich gegen fremde Hunde zu richten scheint. Wenn man solche Hunde jedoch von der Leine lässt, spielen sie oft sehr nett, wenn auch etwas grob, mit ihren Artgenossen.

Einem solchen Hund müssen Sie beibringen, dass er nicht mit allen Hunden spielen kann, denen er begegnet, und dass Sie für ihn die Auswahl treffen. Wenn Sie ihm zu Beginn jede Gelegenheit nehmen, mit anderen Hunden zu spielen, dann verschlimmern Sie nur alles: Er sollte also schon regelmäßigen Umgang mit anderen verspielten Hunden haben. Danach sollten Sie ihm beibringen, wie er sich in Gegenwart anderer Hunde verhalten soll. Es ist schwierig, einem Hund beizubringen, wie er mit Menschen spielen soll, es kann jedoch durchaus lohnenswert sein, weil er sich draußen dann mehr auf Sie als auf andere Hunde konzentriert. Sie müssen dabei genau so entschlossen sein wie er, wenn er mit anderen Hunden spielen möchte und nach einer bestimmten Zeit sollten sich die ersten Fortschritte zeigen.

Beuteinstinkt

Der Beuteinstinkt ist bei jedem Hund unterschiedlich stark. Terrier haben z. B. einen starken Jagd- und Tötungstrieb, diese Veranlagung tritt jedoch auch bei anderen Rassen auf. Der Beuteinstinkt richtet sich in den meisten Fällen auf etwas, das klein ist, schreit oder quiekt und sich schnell oder hektisch bewegt. Auch jedes verletzte oder schwache Tier kommt als Beute in Frage.

Die Besitzer können oft kaum glauben, dass ihr niedlicher, liebenswerter Hund ein Tier töten kann, sie vergessen dabei, dass Hunde nicht zwischen gut und böse unterscheiden können. Ein Hund, der diese Art von Aggression zeigt, ist nicht automatisch aggressiv. Wenn Ihr Hund also das Kaninchen Ihres Nachbarn tötet, müssen Sie nicht befürchten, dass er sich nachts zu Ihnen schleicht und Ihnen die Kehle durchbeißt. Hunde mit starkem Beutetrieb sind nur für potenzielle Beutetiere gefährlich. Manchmal gehören dazu allerdings auch Neugeborene – doch Angriffe auf Säuglinge sind Gott sei Dank sehr selten.

Besitzt Ihr Hund einen starken Beuteinstinkt, dann können Sie nicht viel dagegen tun, außer dass Sie sich des Problems bewusst sind und ihn von harmlosen Tieren fern halten. Achten Sie darauf, dass Sie ihn nie allein in der Nähe eines Tierkäfigs lassen. Bei manchen Hunden kann der Beutetrieb durch strengen Umgang eingedämmt werden, sicherer ist es jedoch, den in Frage kommenden Tieren aus dem Weg zu gehen.

Für Hunde ist der „Reiz des Jagens" oft wichtiger als das Beute machen.

KAPITEL 8

Allein zu Hause

Anfangs fällt es manchen Hunden schwer, allein zu Hause zu bleiben. Für einige ist die Umsiedlung in ein neues Zuhause ein traumatisches Erlebnis und sie brauchen Zeit zum Eingewöhnen. Andere hatten vielleicht in ihrem früheren Zuhause Trennungsschwierigkeiten oder sind überhaupt nie allein gelassen worden.

Viele Hunde warten geduldig auf die Rückkehr ihres Besitzers, manche geraten aber in Panik, wenn sie von ihrem Rudel getrennt sind.

Wo immer auch die Gründe liegen mögen: Hunde, die ständig bellen, destruktiv oder nicht stubenrein sind, können einem das Leben schwer machen. Es ist wichtig, das Problem schnell in den Griff zu bekommen. Es macht Mut, wenn man weiß, dass die meisten Hunde im Laufe der Zeit Fortschritte machen und man seinen Teil dazu beitragen kann, diesen Prozess zu beschleunigen. Als erstes müssen Sie den Grund für das Verhalten Ihres Hundes herausfinden.

Bestrafen hilft nicht

Bestrafen Sie Ihren Hund nie, wenn Sie nach Hause zurückkommen, egal was er angestellt hat. Wird der Hund nämlich nach der Tat bestraft, dann wird es ihn nicht davon abhalten, es wieder zu tun. Wenn die Ursache seines Problems auf Angst beruht, wird es durch Bestrafung nur schlimmer. Traurigerweise werden Hunde oft von ihren Besitzern gestraft, zum Teil aus Wut über die Zerstörung, die der Hund angerichtet hat, zum Teil auch, weil der Hund angeblich „schuldbewusst" aussieht. In Wirklichkeit wird der Hund als Antwort auf unsere Wut Zeichen der Unterwürfigkeit zeigen. Hunde reagieren sehr empfindsam auf unsere Stimmungen und Körpersprache und merken sofort, wenn uns beim Betreten des Hauses etwas nicht gefällt. Die natürliche Reaktion darauf ist Unterwürfigkeit, die von uns oft als Schuldbewusstsein und Beweis angesehen wird, dass „der Hund weiß, dass er etwas falsch gemacht hat".

In Wahrheit sieht der Hund nichts Falsches in seinem Tun, weil ihn ja niemand rechtzeitig davon abhielt. Er ließ sich bei seinem Verhalten von seiner Motivation leiten. Wenn Sie ihn nach Ihrer Rückkehr bestrafen, dann wird er nicht begreifen, wofür die Strafe ist. Er erinnert sich zwar an das, was er getan hat, Sie können ihm aber nicht begreiflich machen, seine Tat mit der Strafe in Zusammenhang zu bringen, selbst wenn Sie ihn an den Ort des Geschehens bringen. Die richtige Reaktion auf seine Tat ist, ihn in einen anderen Raum zu bringen, während Sie alles wieder in Ordnung bringen oder bis Sie bereit dazu sind, ihn freundlich zu begrüßen und sich dann Gedanken darüber zu machen, was Sie tun können, damit er sich beim nächsten Mal nicht so verlassen fühlt.

Kann ein zweiter Hund hilfreich sein?

Wenn Sie sich zur Lösung des Trennungsproblems einen zweiten Hund anschaffen, dann haben Sie am Ende wahrscheinlich zwei Hunde mit dem selben Problem. Dies gilt vor allem für Schwierigkeiten, die auf Angst beruhen, weil sie sich sehr leicht auf einen anderen Hund übertragen. Leider stellt ein zweiter Hund in den meisten Fällen keinen Ersatz für den Menschen dar und der „Problemhund" wird sein Problem weiter mit sich herumtragen.

Ein Zweithund hilft nur in Fällen, in denen der „Problemhund" an das Zusammenleben mit einem weiteren Hund gewöhnt war und sich nun allein gelassen fühlt. Wenn Sie Glück haben und der zweite Hund einen passenden Ersatz für den fehlenden Artgenossen darstellt, dann können Sie das Problem in den Griff bekommen.

Es ist ganz natürlich, dass Hunde beim Rudelanführer sein wollen. Tierheimhunde müssen erst lernen, dass man sie nicht im Stich lässt, sondern jedes Mal wieder zu ihnen zurückkehrt.

Verlassen Sie das Haus ohne viel Aufhebens, dann wird es Ihr Hund besser verkraften.

Wie Sie ohne Hund das Haus verlassen

Es ist wichtig, dass Sie sich von Anfang an so verhalten, wie Sie es auch in Zukunft machen werden und das gilt besonders, wenn Sie das Haus ohne Hund verlassen müssen. Manche Besitzer nehmen sich ein bis zwei Wochen Urlaub, um ihrem Hund die Eingewöhnung zu erleichtern. Nach dem Urlaub werden sie aber feststellen, dass ihr Hund mit dem plötzlichen Alleinsein nicht zurecht gekommen ist und sie bei der Rückkehr ein Chaos vorfinden oder die Nachbarn sich beklagen.

Vom ersten Tag an sollten Sie Ihrem Hund klar machen, dass Sie nicht immer um ihn sein können. Beginnen Sie damit, dass Sie ihn am ersten Tag eine Zeitlang in dem Raum unterbringen, in dem er schlafen soll, während Sie sich an einem anderen Ort im Haus befinden. Am zweiten Tag lassen Sie ihn mehrmals kurze Zeit allein. Wenn Sie dann zur Arbeit gehen, kann der Hund mit Ihrer Abwesenheit besser umgehen. Einige Hunde brauchen dazu etwas länger, dann müssen Sie die Dinge noch langsamer angehen.

Extreme Anhänglichkeit an den neuen Besitzer

Aus einem vertrauten Zuhause gerissen zu werden, eine Zeitlang im Zwinger zu verbringen, um dann in ein anderes Heim umzusiedeln, kann eine sehr aufregende Erfahrung sein. Manche Hunde „kleben" dann förmlich an ihrem neuen Besitzer und kommen nur schwer damit zurecht, allein gelassen zu werden.

Hunde, die mit der größten Wahrscheinlichkeit eine extreme Anhänglichkeit zeigen, sind diejenigen, die sich aus irgendeinem Grund verletzlich fühlen oder sehr wenig Selbstbewusstsein besitzen. Oft fühlen sich sehr junge und sehr alte Hunde verletzlich, misshandelten Hunden kann es an Selbstbewusstsein fehlen und freundliche, unterwürfige Hunde, die zu ihrer Verteidigung niemals kämpfen würden, sind oft beunruhigt, wenn man sie allein lässt.

Viele Hunde haben gerade das Erwachsenenalter erreicht, wenn sie im Tierheim abgegeben werden. Das ist der Zeitpunkt, zu dem Hunde in der Wildnis „flügge" werden und sich auf eigene Füße stellen würden. Normalerweise durchläuft der Hund diese Phase mit dem Besitzer zusammen und versucht, von ihm unabhängiger zu werden. Wenn die Trennung zwischen Hund und Herr jedoch zwangsweise verläuft – wie bei Abgabe ins Tierheim, dann erfolgt ein Rückfall in der Entwicklung des Hundes und er wird in seinem neuen Zuhause wahrscheinlich Trennungsprobleme haben.

Oft folgt ein neuer Hund seinem Besitzer anfangs auf Schritt und Tritt, selbst wenn dieser auf die Toilette geht, weil er ihn nicht aus den Augen verlieren und allein gelassen werden will. Dies ist eine ganz normale Reaktion eines Rudeltiers auf widrige Umstände. In der Wildnis ist es sinnvoll, sich den anderen Rudelmitgliedern anzuschließen, um bessere Überlebenschancen zu haben. Wenn also die gesamte Umgebung neu und das Leben noch etwas unsicher ist, ist es sinnvoll, in der Nähe der neuen Rudelmitglieder zu bleiben.

ANZEICHEN

Anhängliche Hunde möchten immer bei Ihnen sein. Sie folgen Ihnen, wo immer Sie auch hingehen, und möchten möglichst auch noch Körperkontakt zu Ihnen haben. Es gibt auch Hunde, die sich erst dann schlafen legen, wenn sie Ihre Nähe spüren, so dass sie Ihnen bei der kleinsten Bewegung wieder folgen können. Wenn sie von Ihnen getrennt sind, bekommen sie Panik und zeigen alle herkömmlichen Angstsymptome, wie beschleunigter Herzschlag, erweiterte Pupillen, schnelles Hecheln und übertriebene Aktivität. Diese Panikzustände bessern sich meistens nach ein paar Minuten, doch die Furch bleibt bestehen, bis Sie wieder zurückkommen. Hunde mit Trennungsangst wollen auch nicht

TIPP

Lassen Sie eine Kassette oder ein Videogerät laufen, damit Sie sehen, was Ihr Hund macht, wenn Sie das Haus verlassen haben. Auf diese Weise können Sie Art und Ursache seines Problems genauer herausfinden.

fressen. Kauartikel und Futter werden erst nach Ihrer Rückkehr angerührt.

Hunde gehen mit dem Alleinsein auf verschiedene Weise um. Einige kratzen und nagen an der Tür, andere versuchen sich durch den Teppich unter der Tür hindurch zu graben und wieder andere werden sehr aktiv und springen auf Tische und Fensterbretter, um einen Weg nach draußen zu finden. Den größten Schaden richten sie meistens im Bereich von Tür und Fenstern an. Wenn es dem Hund tatsächlich gelingt, aus dem Haus zu entkommen, dann sucht er so lange, bis er jemanden gefunden hat, dem er sich anschließen kann. Manche Hunde bellen oder heulen, andere sind so durcheinander, dass sie Blase und Darm nicht mehr unter Kontrolle haben und ihr Geschäft im Haus verrichten. Andere sitzen nur da und zittern und manche machen alles, was eben aufgezählt wurde. Wie die Symptome auch aussehen, das Problem setzt immer dann ein, wenn Sie aus dem Haus gehen. Da der Hund sich Ihren Tagesablauf schnell merken kann, wird er schon nervös, wenn Sie gewisse Vorbereitungen treffen, um das Haus zu verlassen.

Überanhängliche Hunde möchten die ganze Zeit bei ihrem Besitzer sein. Wenn sie merken, dass es nicht geht, fangen sie oft an zu bellen oder Dinge zu zernagen.

Bringen Sie Ihrem Hund das Alleinsein bei

Die einzige Möglichkeit besteht darin, Ihren Hund allmählich für das Alleinsein zu desensibilisieren. Beginnen Sie damit, dass Sie ihn nur sehr kurze Zeit allein lassen und dehnen Sie diese Trennungsphasen immer mehr aus. Im Extremfall müssen Sie damit beginnen, Ihrem Hund beizubringen, dass er sich in einer anderen Ecke des Raumes aufhält als Sie – für die meisten Hunde stellt das jedoch kein Problem dar. Der erste Schritt besteht meist darin, dass der Hund sich in einem anderen Raum aufhalten soll als sein Besitzer. Dies machen Sie etwa zwanzig Mal über den ganzen Tag verteilt, wobei jede „Trennung" nicht länger als eine Minute dauern sollte. Verlängern Sie allmählich die Zeit des Getrenntseins, bis der Hund etwa eine Stunde allein sein kann, während Sie sich im Haus befinden. Beginnen sie dann noch mal von vorn, wobei Sie jedoch das Haus vollständig verlassen. Steigern sie den Zeitraum wieder allmählich, bis es der Hund zwei oder mehr Stunden allein aushält.

Richten Sie sich während dieses Prozesses nach dem Tempo Ihres Hundes. Wenn Sie ihn anfangs zu lang allein lassen, dann werden Sie einen Rückfall erleben. Gehen Sie alles langsam an, dann werden Sie schon bald positive Ergebnisse erzielen. Wenn Sie ihn längere Zeit allein lassen müssen, dann suchen Sie jemanden, der in dieser Zeit nach ihm sieht. Wenn Sie so vorgehen, dann wird sich das Endergebnis viel schneller einstellen.

EINE WIRKUNGSVOLLE METHODE

Für überaus anhängliche Hunde ist es nicht gut, wenn Sie ihnen Ihre Zuwendung ständig zuteil werden lassen, wenn Sie im Haus sind. Der Hund wird dann das Alleinsein als doppelt so schwierig empfinden, weil der Gegensatz zu krass ist. Aus diesem Grund ist es empfehlenswert, die Zuwendung etwas zu „dosieren". Bringen Sie pro Stunde fünf bis zehn Minuten für ungeteilte Zuwendung oder Spielen auf. Beschäftigen Sie sich in dieser Zeit sehr intensiv mit Ihrem Hund, die restliche Stunde aber ignorieren Sie ihn völlig, wenn Sie sich nicht aus irgendwelchen anderen Gründen mit ihm abgeben müssen. Auf diese Weise bekommt er genau so viel Aufmerksamkeit, aber eben auf andere Art. Wenn er so zu einem gewissen Grad ohne Sie auskommen muss, dann wird ihm das Alleinsein auch leichter fallen.

Aus dem gleichen Grund sollten Sie sich schon mindestens eine halbe Stunde, bevor Sie das Haus verlassen, von ihm verabschieden. Wenn die Zeit dann gekommen ist, gehen Sie einfach ohne großes Aufsehen zur Tür hinaus. Wenn Sie sich mit viel Aufhebens von ihm verabschieden, dann wird er den Unterschied zwischen Ihrer An- und Abwesenheit viel stärker empfinden.

Durch Angst bedingte Trennungsprobleme

Die Angst vor Dingen außerhalb oder innerhalb des Hauses ist ein weiterer Grund, weshalb so viele Hunde nicht gut allein sein können. Solche Hunde können mit ihrer Angst nur umgehen, wenn ihr Besitzer anwesend ist, allein bekommen sie Panik.

Ein klassisches Beispiel hierfür ist ein Hund, der sich vor Donner fürchtet. Bei einem Gewitter wird der allein gelassene Hund in Panik geraten und versuchen, sich in die Erde zu verkriechen, um dem Geräusch zu entkommen. Er rennt vielleicht panisch im Haus herum und verrichtet in seiner Aufregung auch sein Geschäft dort. Es kann sein, dass er sich in einen Teppich unter einem Tisch vergraben will, versucht, in einen Schrank zu gelangen, auf dem Sofa oder Bett „gräbt" oder sich unter dem Bett versteckt. Hunde, die nie ein Gewitter in freier Natur miterlebt haben, glauben, das Geräusch komme vom Haus selbst. Sie versuchen dann, aus dem Haus zu entkommen und beschädigen dabei Türen und Fenster.

ANGST VOR DINGEN AUSSERHALB DES HAUSES

Hunde können sich vor den verschiedensten Dingen fürchten, wenn sie allein gelassen werden. Sie fürchten sich vor anderen Hunden oder Menschen, die ins Haus kommen könnten (sie wis-

---

WEITERE TIPPS BEI TRENNUNGSPROBLEMEN

- Wickeln Sie einen von Ihnen getragenen Schal um den äußeren Griff der Tür, durch die Sie das Haus verlassen. Wenn Ihr Hund nun an der Tür schnüffelt, wird er glauben, dass Sie noch ganz in der Nähe sind und sich durch Ihren Geruch beruhigen lassen.
- Stellen Sie das Radio an oder lassen Sie eine Kassette mit Alltagsgeräuschen laufen. Dadurch werden andere Geräusche, die Ihrem Hund Angst machen, übertönt und er fühlt sich sicherer.
- Füttern Sie dem Hund eine kleine Mahlzeit, kurz bevor Sie das Haus verlassen, damit er schläfriger wird.
- Lassen Sie den Hund an einem Ort, an dem er sich am sichersten fühlt und den geringsten Schaden anrichten kann. Halten Sie den Hund von wertvollen Gegenständen und Möbelstücken fern, sowie von gefährlichen Dingen, wie Stromkabeln. Wenn Sie ihn in der Mitte des Hauses zurücklassen, dann fühlt er sich eventuell sicherer und die Nachbarn hören sein Bellen oder Winseln nicht in voller Lautstärke.
- Lassen Sie den Hund im Haus, nicht außerhalb. Wenn er draußen sein muss, dann fühlt er sich unsicherer und das Problem wird nur noch schlimmer. Außerdem sind die Chancen, dass er bellt und die Nachbarn stört, draußen höher.

Werden ängstliche Hunde allein gelassen, dann suchen sie sich einen dunklen, sicheren Ort, an dem sie Gegenstände zerkauen, die den Geruch ihres Besitzers tragen.

sen ja nicht, dass die Tür verschlossen ist) oder vor unbekannten Geräuschen, die von außen kommen. Diese Angst kann bis zur Rückkehr des Besitzers ständig vorhanden sein oder aber durch ein bestimmtes Ereignis – wie die Ankunft des Postboten – ausgelöst werden. Diese Art von Problem kann daher jedes Mal auftauchen, wenn Ihr Hund allein gelassen wird oder nur sporadisch, wenn sie von einem äußeren Erlebnis abhängt. Es kann sofort auftreten, weil der Hund seine Angst schon im Voraus ahnt oder durch ein späteres Ereignis ausgelöst werden.

Hunde, die sich vor äußeren Dingen fürchten, die in das Haus eindringen könnten, holen sich manchmal Gegenstände Ihres Besitzers, die sie dann zerkauen und sich mit den Überresten umgeben, so dass sie sich wie in einem Nest, das den Geruch ihres Besitzers trägt, zusammenrollen können. Da Hunde stark geruchsorientierte Tiere sind, kann man davon ausgehen, dass sie glauben, der Geruch des Rudelführers würde andere Tiere und Menschen abschrecken und die anderen Rudelmitglieder würden dann in Ruhe gelassen. Sie suchen sich dazu oft Gegenstände aus, die stark nach ihrem Herrchen riechen, wie die Fernbedienung für den Fernseher, Unterwäsche, die Armlehne des Lieblingssessels oder andere Dinge, die der Besitzer erst berührt oder getragen hat. Sie wählen sich oft Gegenstände aus, die den Geruch der – ihrer Meinung nach – stärksten Person des Haushalts tragen.

Eine andere Methode, wie Hunde mit ihrer Angst vor äußeren Dingen fertig werden, ist das Revier mit Urin zu markieren. Wenn Ihr Hund dazu gehört, dann werden Sie schnell merken, dass er strategisch wichtige Punkte im Haus markiert hat. Sie befinden sich an bestimmten Stellen, an denen jeder Eindringling beim Betreten des Hauses vorbei gehen muss. Der Hund hat die Hoffnung, dass der „Eindringling" seine Gegenwart riecht und erkennt, dass er sich auf fremdem Terrain befindet und wieder geht.

ANGST VOR DINGEN IM HAUS

Hunde ängstigen sich auch vor Geräuschen im Haus wie das Ein- und Ausschalten des Kühlschranks oder der Heizung, Windgeräusche im Kamin oder Keller oder Lärm aus dem Nachbarzimmer. Solche Hunde versuchen dann, aus dem Haus zu entkommen und beschädigen dabei Türen und Fenster. Wenn es ihnen gelingt, nach draußen zu kommen, dann bleiben sie oft auf der Türschwelle sitzen und warten auf Ihre Rückkehr.

BEHANDLUNG

Der Kernpunkt ist, herauszufinden, wovor sich der Hund genau fürchtet und ihn langsam zu desensibilisieren. Es ist nicht immer einfach, den Grund zu finden, vor allem, wenn es etwas ist, das sich im Haus abspielt. Sie können vor dem Verlassen des Hauses eine Kassette oder ein Videoband einlegen, um alle Geräusche und Bewegungen aufzuzeichnen und dann herauszufinden, wann das Problem auftritt und mit welchem äußeren Ereignis es in Zusammenhang steht. Sie können den Hund auch in einem anderen Zimmer zurücklassen, um zu sehen, ob er sich dort weniger fürchtet. Aber das kann natürlich dazu führen, dass das intakte Zimmer ebenfalls beschädigt werden.

Sobald Sie den Grund für seine Angst entdeckt haben, beginnen Sie mit der Desensibilisierung. Dabei sollten Sie langsam vorgehen und den Hund möglichst mit jemandem zusammen zurücklassen, bis er seine Furcht überwunden hat. Präsentieren Sie ihm die Ursache seiner Ängste in abgeschwächter Form und machen Sie eine freudige Erfahrung daraus, indem Sie mit ihm sein Lieblingsspiel spielen oder ihm leckere Belohnungen geben. Steigern Sie allmählich die Zeit, in der er der Angst auslösenden Ursache ausgesetzt ist – ohne ihn dabei zu überfordern, bis er damit umgehen kann und zufrieden ist. Sobald er keine Angst mehr empfindet, können Sie ihn guten Gewissens allein lassen. Bei Hunden, die sich vor Menschen oder anderen Hunden ängstigen, ist eine allmähliche Sozialisierung erforderlich, damit er sich an ihre Gegenwart gewöhnt (siehe Seite 105).

TIPP

Sperren Sie einen ängstlichen Hund im Haus niemals in einen Transportkäfig oder Innenzwinger: In seiner Panik, heraus zu kommen, kann er sich Pfoten und Maul furchtbar verletzen.

ERSTE-HILFE-MASSNAHMEN

Bis Sie den grund für die Angst wissen, können Sie verschiedene Maßnahmen ergreifen, wenn Sie den Hund allein lassen müssen. Bei nur geringfügigen Problemen sind sie ausreichend, um ihn zu beruhigen.

● Überlassen Sie ihm ein größeres Kleidungsstück zum Kuscheln, das Sie vor kurzem noch getragen haben. Er sollte es auch zernagen dürfen! Legen Sie es dort hin wo er sich wahrscheinlich hinlegen wird, wenn Sie weg sind. Um seinen Lieblingsplatz herauszufinden, können Sie bei Ihrer Rückkehr den Teppich und die Möbel nach „warmen Stellen" absuchen. Erneuern Sie den Geruch auf dem Kleidungsstück jedes Mal, bevor Sie außer Haus gehen, indem Sie es nochmals tragen, auf Ihrer Haut reiben oder es zusammen mit Ihrer Schmutzwäsche in den Wäschekorb legen.

● Wenn Ihr Hund in die Wohnung „pinkelt", dann legen Sie dort Küchenpapier aus, das Sie zuvor auf Ihrer Haut gerieben haben.

● Wenn er dort weiterhin markiert, dann legen Sie Plastikfolie aus, die einfacher zu säubern ist.

● Eine höhlenähnliche Behausung zum Verstecken hilft, wenn er sich unsicher fühlt. Stellen Sie diese „Höhle" unter einen Tisch oder an den Platz, an dem sich Ihr Hund während Ihrer Abwesenheit hinlegt. Ein Karton, ein abgedeckter Transportkorb oder eine Decke über einen Tisch gibt Ihrem Hund einen kleinen, dunklen Raum, an den er sich zurückziehen kann.

● Bevor Sie gehen, sollten Sie Ihrem Hund genügend Auslauf bieten und ihm nachher Zeit geben, sich wieder zu beruhigen.

MEDIKAMENTÖSE BEHANDLUNG

Über Ihren Tierarzt können Sie Medikamente bekommen, die bei sehr schweren Fällen von Angst hilfreich sein können. Diese müssen jedoch mit einer Behandlung durch einen Tierverhaltensexperten einhergehen. Lassen Sie sich dann von Ihrem Tierarzt an einen guten Tierpsychologen verweisen.

Hunde mit Langeweile

Junge Hunde oder solche mit viel Energie langweilen sich oft, wenn sie zu lang allein gelassen werden und suchen sich dann irgendeine Art von Zeitvertreib. Diese Hunde legen sich oft zum Schlafen hin, wenn Sie das Haus verlassen, so dass ihr Verhaltensproblem erst später zu Tage tritt. Gelangweilte Hunde zernagen Gegenstände oder bellen bei der kleinsten Störung, nur um sich die Zeit zu vertreiben. Zum Zernagen suchen sie sich meistens herumliegende Gegenstände aus oder Dinge aus Holz, Plastik oder Textilien.

ALLEIN ZU HAUSE

Wenn Sie einen aktiven Hund besitzen, dann lassen Sie ihm viele Spielsachen da, wenn Sie das Haus verlassen.

Hunde fressen von Natur aus alles, was sie an Verwertbarem finden. Es ist für sie nicht falsch, in Ihrer Abwesenheit den Mülleimer zu plündern. Sie folgen dem inneren Trieb, Nahrung aufzunehmen, wann immer sie können.

Hunde, die am ehesten zu dieser Art von Trennungsproblemen neigen sind meist junge Hunde mit sehr viel Energie, besonders im Alter zwischen sechs und zehn Monaten. Zu dieser Zeit würden die Hunde in der Natur draußen ihr „Nest verlassen und ihre Umwelt auf eigene Faust erkunden. Wenn man sie in dieser Zeit nicht genügend beschäftigt und zu lange allein lässt, dann suchen sie sich eben selbst eine Betätigung!

Rassen, die als Arbeitshunde gezüchtet wurden und alle Kreuzungen daraus finden es oft extrem schwierig, den ganzen Tag herumzuliegen und nichts zu tun. Sie besitzen einfach zu viel körperliche Energie, um ein geruhsames Leben zu führen und einige können regelrecht verstört werden, wenn man sie unter solch eingeschränkten Bedingungen hält. Apportierhunde wie Labrador Retriever wurden speziell dafür gezüchtet, ihr Maul zu benutzen und neigen daher dazu, Dinge zu zernagen.

WAS TUN MIT GELANGWEILTEN HUNDEN?

Beschäftigen Sie sich mit sehr aktiven Hunden viel intensiver, wenn Sie zu Hause sind. Vor allem junge Hunde brauchen viel Auslauf ohne Leine, bringen Sie ihnen also bei, auf Zuruf zurückzukommen und lassen Sie sie mindestens zwei Mal täglich an einem sicheren Ort frei laufen. Genau so wichtig ist es, die mentale Energie Ihres Hundes zu fordern. Spielen Sie daher möglichst oft mit ihm. Trainieren Sie ihn so, dass er auf Befehle reagiert, Tricks beherrscht und sich im Haus durch Herbeiholen von Ihnen benannter Gegenstände nützlich macht. Verstecken Sie sein Lieblingsspielzeug und lassen Sie es von ihm suchen, während Sie sich in der Zeit entspannt zurücklehnen können. Anstatt das gesamte Futter in einem Napf hin zu stellen, können Sie es an verschiedenen Stellen rund ums Haus verstecken, so dass der Hund es während Ihrer Abwesenheit suchen muss. Seien Sie erfinderisch, wenn es um neue Beschäftigungen für Ihren Hund geht und

ABWECHSLUNG MACHT FREUDE

- Füllen Sie stabiles Spielzeug mit Hundeleckerli, um sie wieder interessanter zu machen, wenn bei Ihrem Hund die Begeisterung nachgelassen hat. Es macht Ihrem Hund keinen großen Spaß, wenn er sich über längere Zeit hinweg mit dem selben Spielzeug beschäftigen muss. Sie können auch einen größeren, stabilen Ball mit kleinen Löchern versehen und ihn mit Trockenfutterbröckchen füllen.
- Wenn es möglich ist, dann sorgen Sie dafür, dass eine Person Ihren Hund im Lauf des Tages einmal besucht, um seine Eintönigkeit zu unterbrechen.
- Bevor Sie das Haus verlassen, sollten Sie dafür sorgen, dass sich Ihr Hund austoben und spielen kann, damit er danach sowohl körperlich als auch mental müde ist.
- Verhindern Sie, dass Ihr Hund Zugang zu wertvollen Gegenständen hat oder stellen Sie diese außerhalb seiner Reichweite, bis er gelernt hat, sich ausschließlich mit seinem Spielzeug zu beschäftigen.
- Stellen Sie für den Hund einen niedrigen Tisch oder Stuhl unter ein Fenster, worauf er sich setzen kann. Manche Hunde sind glücklich, wenn sie aus dem Fenster sehen und beobachten können, was draußen vor sich geht. Damit kann man den langen Tag allein zu Haus etwas abwechslungsreicher gestalten.
- Vielleicht können Sie ja ausfindig machen, ob es möglich wäre, den Hund mit an den Arbeitsplatz zu nehmen. Das wäre ein zusätzlicher Anreiz für Sie, ihn so auszubilden, dass er sich bei der Arbeit vorbildlich benimmt.

Sie werden sehen, dass er sich wohler fühlt und sich zufrieden hinlegt, wenn Sie aus dem Haus gehen. Ihren neuen Hund müssen Sie wahrscheinlich an einen anderen Tagesablauf gewöhnen als er vom Tierheim her gewohnt war. Wenn Sie merken, dass Ihr Hund den ganzen Abend über schläft, tagsüber aber sehr aktiv ist, dann ermutigen Sie ihn dazu, während Ihrer Anwesenheit aktiv zu sein und zu schlafen, wenn Sie aus dem Haus gehen. Legen Sie Ihrem Hund Spielzeug und Kauartikel hin, während Sie außer Haus sind. Stellen Sie ihm mindestens 20 verschiedene Spielzeuge zur Verfügung, die er auch zernagen kann (in Zoofachgeschäften gibt es eine riesige Auswahl davon). Bei 20 Spielsachen können Sie ihm jeden Tag zwei verschiedene Spielzeuge überlassen und das über eine Woche lang. Nehmen Sie ihm die Spielzeuge weg, wenn Sie wieder zu Hause sind, damit sie interessant für ihn bleiben.

Gewöhnung an das Leben im Haus

Es gibt Hunde, die an das Leben im Haus nicht gewöhnt sind und denen erst gezeigt werden muss, wie sie sich dort zu benehmen haben, bevor man sie allein lassen kann. Sonst kann ihr natürlicher Instinkt, alles zu erforschen, sie in allerlei Schwierigkeiten bringen, während Sie nicht da sind, um sie zu korrigieren. Lassen Sie einen solchen Hund nie an einem Ort zurück, an dem er Wertgegenstände zerstören oder Kabel zernagen kann, bis er gelernt hat, wie er sich benehmen muss.

Um dem Hund beizubringen, wie er sich in Ihrer Abwesenheit verhalten soll, müssen Sie ihn während der ersten Tage genau überwachen und ihn sofort korrigieren, wenn er etwas falsch gemacht hat. Die beste Methode ist, einen schweren, weichen Gegenstand nach ihm zu werfen – ein Kissen zum Beispiel – der ihn genau dann trifft, wenn er etwas Unerlaubtes tut. Er darf dabei nicht verletzt, aber so aus dem Konzept gebracht werden, dass er es nächstes Mal nicht wieder tut. Für Ihren Hund kommt das Kissen aus dem „Nichts", so dass er seinen Schrecken mit der unerlaubten Tat und nicht mit Ihnen in Verbindung bringt. Es ist daher unwahrscheinlich, dass er das Gleiche noch mal versuchen wird, wenn Sie außer Haus sind.

Es ist wichtig, dass Sie ihm einige Minuten danach etwas zum Kauen geben. Der Hund möchte gerade kauen und auf Erkundung gehen, so dass Sie die Gelegenheit gleich nutzen und ihm beibringen können, was er zernagen darf. Wenn er sich daran macht, den ihm dargebotenen Gegenstand zu zernagen, dann loben Sie ihn dafür. Wenn Sie in den ersten Wochen diese Prozedur konsequent wiederholen, dann wird Ihr Hund allmählich lernen, dass es keine gute Idee ist, irgendeinen herumliegenden Gegenstand zu zernagen, sondern nur die Dinge, die Sie ihm geben.

Sie können Ihrem Hund beibringen, dass er sich in Ihrer Abwesenheit ruhig verhält und hinlegt. Vorher sollte er jedoch genügend Auslauf bekommen haben.

KAPITEL 9

Leichte Verhaltensstörungen beheben

Wahrscheinlich wird Ihr neuer Hund während der Eingewöhnungszeit leichte Verhaltensprobleme haben. Einige davon werden sich mit der Zeit von alleine lösen, andere wiederum sind komplexer. Im Folgenden sind die etwas häufigeren Probleme mit den dazugehörigen Hilfestellungen aufgeführt.

Wenn Sie die Verhaltensstörungen Ihres Hundes nicht allein in den Griff bekommen, dann sollten Sie sich an einen erfahrenen Tierverhaltenstherapeuten wenden.

Allgemeines

Es konnten hier jeweils nur die grundlegende Behandlungsmethode beschrieben werden. Dies wird jedoch hoffentlich eine Hilfe beim Umgang mit den Anfangsschwierigkeiten sein.

GESUNDHEITS-CHECK

Manche Verhaltensstörungen beruhen auf einem zugrunde lie-
genden medizinischen Problem, so dass es ratsam ist, den
neuen Hund einem Gesundheits-Check beim Tierarzt zu unterzie-
hen. Ein Hund, der sich weigert, auf Ihren Befehl hin „Sitz" oder
„Platz" zu machen, der sich ungern bewegt, am Morgen mürrisch
ist oder beißt, wenn man ihn hochhebt, könnte Schmerzen in den
Gelenken oder an einer anderen Stelle haben. Bei manchen Erkrankungen wie Epilepsie treten Stimmungsschwankungen auf,
die zu schlechtem Benehmen führen können. Ungewöhnliches
Verhalten ist das erste Anzeichen von zahlreichen Beschwerden
und bei leichten Erkrankungen oft das einzige Symptom. Eine
Untersuchung wird Ihnen Gewissheit geben und ist notwendig,
bevor Sie einen professionellen Verhaltenstherapeuten aufsuchen.

EXPERTENHILFE BEI ERNSTEN SCHWIERIGKEITEN

Es gibt genügend Leute, die sich als Experten für Hundeverhalten
ansehen und jeder wird Ihnen einen anderen Rat geben. Sie sollten sich an jemanden wenden, der sowohl praktische Erfahrung
im Umgang mit Hunden mitbringt, als auch die nötige, akademi-
sche Ausbildung zur Lösung von Verhaltensproblemen besitzt.
Heute findet man leichter einen Verhaltensexperten, weil diese
Therapieform sich immer weiter verbreitet. Fragen Sie Ihren Tierarzt um Rat oder holen Sie sich Auskunft bei der Bundestierärztekammer (siehe Seite 158).

IST BESTRAFUNG NOTWENDIG?

Wenn sich Ihr Hund unakzeptables Verhalten zeigt, dann müssen
Sie dafür sorgen, dass es nicht mehr geschieht. Der Mensch neigt
in solchen Fällen instinktiv zu Bestrafung. In manchen Fällen mag
Strafe weiteres schlechtes Verhalten verhindern, meistens jedoch
bleibt die dahinter stehende Motivation erhalten und kommt
vielleicht wieder zum Vorschein, wenn Sie gerade nicht so viel
Kontrolle über den Hund haben.

Wenn Ihr Hund das unerwünschte Verhalten wieder zeigt, dann
werden Sie die Strafe wahrscheinlich verstärken und früher oder
später unverhältnismäßige Härte gegen ihn walten lassen. Was
noch schlimmer ist: Bestrafung kann die aufgebaute Bindung zu
Ihrem Hund sehr schnell zerstören. Strafen sind weniger Erfolg
versprechend als allgemein angenommen wird und eine überlegte Vorgehensweise wird zu besseren Ergebnissen und einer
schnelleren Lösung des Problems führen.

EIN „INTELLIGENTER" ANSATZ ZUR PROBLEMLÖSUNG

Finden Sie die Ursache für das Verhalten Ihres Hundes heraus. Es ist von entscheidender Bedeutung, die Motivation zu erkennen, die hinter einem Verhaltensmuster steht, bevor man eine Entscheidung über die richtige Vorgehensweise treffen kann. Versuchen Sie, herauszufinden, warum Ihr Hund dies und jenes macht. Überlegen Sie sich, was er an der schlechten Angewohnheit als lohnenswert ansieht. Sobald Sie dies wissen, können Sie dafür Sorge tragen, dass er seine Belohnung auf andere Weise erhält und somit sein Verhalten ändert.

Vielleicht verhält sich Ihr Hund nur schlecht, weil seine Grundbedürfnisse nicht erfüllt werden.

BEFRIEDIGUNG DER BEDÜRFNISSE IHRES HUNDES

Bevor Sie versuchen, eine Verhaltensstörung zu kurieren, sollten Sie sich noch einmal in Kapitel 5 mit den spezifischen Bedürfnissen eines Hundes auseinandersetzen. Viele Probleme entstehen, weil diese Bedürfnisse ungenügend befriedigt werden. Wenn Sie vermuten, dass Sie Ihrem Hund in einer bestimmten Hinsicht nicht genügend Aufmerksamkeit zuteil werden lassen, dann ist es einfacher, dies zu beheben als sich auf das Problem zu konzentrieren. Wenn Ihr Hund zum Beispiel bei dem kleinsten Geräusch zu bellen anfängt, um sich die Zeit zu vertreiben, weil er körperlich und mental zu wenig gefordert wird, dann ist es leichter, dieses Bedürfnis zu befriedigen als das Bellen zu unterbinden. Sorgen Sie dafür, dass Ihr Hund ausgelastet ist und sein unerwünschtes Verhalten wird sich ganz von selbst legen.

Wenn Sie mit Ihrem Hund spielen und ihm viel Auslauf gewähren, dann wird er sich im Haus auch ruhiger verhalten.

Betrachten Sie außerdem das Verhältnis, das Sie mit Ihrem Hund verbindet, bevor Sie Verhaltensstörungen zu heilen versuchen. Hat Ihr Hund Respekt vor Ihnen? Führt er Ihre Befehle bereitwillig aus? Sucht er Unterstützung bei Ihnen? Fühlt er sich von Ihnen geliebt und zu Ihrer sozialen Gruppe gehörig? Wenn Sie diese Fragen bejahen können, dann haben Sie eine gute Basis zur Lösung des Verhaltensproblems. Wenn Sie sich über sein Verhalten so sehr ärgern, dass Sie ihn nicht mehr richtig mögen oder sogar daran denken, ihn zurückzugeben, dann ist Ihr Vorhaben von Vornherein zum Scheitern verurteilt, wenn Sie Ihre Einstellung ihm gegenüber nicht ändern. Hunde spüren, ob sie geliebt werden und wenn sie unerwünscht sind, treten allerlei Verhaltensstörungen auf, die erst wieder verschwinden, wenn Sie sich vom Rudel akzeptiert fühlen.

Hunde, die allgemein ungehorsam und nie aufmerksam sind, haben oft ein alles andere als perfektes Verhältnis zu ihrem Besitzer. Ihr Hund gehorcht Ihnen nur, wenn er Respekt vor Ihnen hat und Ihnen gefallen möchte. Lesen Sie sich noch einmal die Regeln zur Führung eines Rudels durch (Seite 69) und versuchen Sie, dem Verhältnis zu Ihrem Hund mehr Struktur zu verleihen.

Hochspringen

Hunde springen an uns hoch, um unser Gesicht zu erreichen und so maximalen sozialen Kontakt mit uns zu bekommen. Dies hat seinen Ursprung im Verhalten von Welpen, die zur Begrüßung der heimkehrenden erwachsenen Tiere deren Schnauze lecken. Bei ihnen gilt es als Beweis der Zuneigung, während wir es als lästig empfinden, gekratzt, angerempelt oder von schlammigen Pfoten beschmutzt zu werden.

Wenden Sie sich ab, wenn Ihr Hund an Ihnen hochspringt, dann wird er sein Verhalten bald ändern.

Um ihm diese Verhaltensweise abzugewöhnen, müssen Sie sie dem Hund so unattraktiv wie möglich machen und jede seiner anderen Begrüßungsarten belohnen. Sie können sein Hochspringen entweder ignorieren oder verhindern. Ignorieren Sie das Anspringen, indem Sie sich von ihm abwenden, so dass er nur Ihren Rücken, nicht aber Ihr Gesicht sieht. Sprechen Sie nicht mit ihm, schauen sie ihn nicht an und berühren Sie ihn dabei nicht. Bei einem großen, stürmischen Hund oder einem mit sehr schlechten Angewohnheiten empfiehlt es sich, ihn am Halsband unten zu halten und ihn so vom Hochspringen abzuhalten. Sobald Ihr Hund mit allen vier Pfoten auf dem Boden steht und nicht mehr an Ihnen hochspringen will, beugen Sie sich zu ihm hinab oder gehen in die Hocke, dass er Sie ohne Anspringen begrüßen kann. Wenn sich jedes Familienmitglied dementsprechend verhält, dann wird er bald merken, dass er Sie genau so gut begrüßen kann, wenn er mit den Pfoten auf dem Boden bleibt. Am

Anfang mag es Ihnen so vorkommen, als ob er nur noch stärker versuchen würde, an Ihnen hochzuspringen, wenn Sie jedoch durchhalten und ihn weiterhin ignorieren, dann wird er einsehen, dass seine Verhaltensweise nicht gut ankommt. Es ist wichtig, den Hund davon abzuhalten, dass er an Kindern oder Gästen empor springt. Halten Sie ihn am Halsband fest und bitten Sie jeden, ihn zu ignorieren, bis er sich beruhigt hat. Eine Methode, ihn vom Hochspringen abzuhalten ist, ihn „Sitz" machen zu lassen. Sobald er sich gesetzt hat, darf er begrüßt werden. Sobald er aufsteht, wird er ignoriert, bis er sich wieder gesetzt hat.

Für Hunde mit sehr schlechten Angewohnheiten empfiehlt es sich, die Familie oder Freunde ins Training mit einzubeziehen. Sie sollen das Haus durch die Vordertür betreten, das Trainingsprogramm mit Ihnen und Ihrem Hund durchlaufen, wobei gutes Benehmen wie Sitzen, belohnt wird, das Haus durch die Hintertür wieder verlassen und von vorn beginnen. Seine Aufregung wird sich mit der Zeit legen und es wird einfacher, ihm das richtige Verhalten beizubringen. Zahlreiche Trainingsstunden werden nötig sein, bevor er das Hochspringen durch die neue Verhaltensweise ersetzt und Sie müssen alles oft wiederholen, um Ihr Ziel zu erreichen. Denken Sie daran, dass sich Hunde Assoziationsreihen merken und die Begrüßung an der Vordertür muss an unterschiedlichen Orten eingeübt werden, bis sie ihm in Fleisch und Blut übergeht.

Probleme bei Nacht

Wenn Ihr Hund tagsüber nicht allein sein kann, dann kann er es mit großer Wahrscheinlichkeit auch nachts nicht. Besser als schlaflose Nächte zu riskieren ist es, ihn vor Ihrem Schlafzimmer schlafen zu lassen, bis er sich mehr zu Hause fühlt. Das mag Ihnen wie „Nachgeben" vorkommen, wenn sein Problem jedoch durch Angst vor dem Alleinsein verursacht wird, dann bringt es nichts, ihn zu früh zum Alleinsein zu zwingen. Sobald er tagsüber allein gelassen werden kann (siehe Seiten 116 bis 120), können Sie ihn nachts weiter entfernt von sich schlafen lassen, bis er seinen eigentlichen Schlafplatz akzeptiert.

NICHT SAUBER WÄHREND DER NACHT

Wenn Ihr Hund nicht stubenrein ist, dann müssen Sie das entsprechende Training mit ihm durchlaufen (siehe Seite 136). Wenn Ihr Hund zwar tagsüber sauber ist, nicht jedoch, wenn er allein im Haus ist, dann müssen Sie seine Trennungsangst in den Griff bekommen (siehe Seite 118). Hunde, die ihr Geschäft drinnen verrichten, kurz nachdem Sie das Haus verlassen haben, haben sehr wahrscheinlich ein Trennungsproblem.

Manche Hunde sind zwar tagsüber sauber und können auch zuverlässig allein gelassen werden, besitzen aber die schlechte

TROCKENFUTTER

Wenn Sie Ihrem Hund am Abend Trockenfutter reichen, dann weichen Sie es vorher ein oder füttern Sie es immer mit Wasser zusammen. Ihr Hund ist sonst sehr durstig und wird viel Wasser trinken. Dieses zusätzliche Wasser möchte er dann nachts wieder los werden und er wird Sie entweder aufwecken, um nach draußen gelassen zu werden oder einfach auf den Boden pinkeln.

INKONTINENZ

Es gibt kastrierte Hündinnen, die im Liegen Urin verlieren. Wenn Sie sehen, dass der Schlafplatz Ihrer Hündin am Morgen nass ist, dann wenden Sie sich an einen Tierarzt, der die nötige Behandlung veranlassen wird.

Angewohnheit, nachts im Haus ihr Geschäft zu verrichten. Diese Verhaltensweise können sie sich im Zwinger angeeignet haben, vielleicht sind sie nachts auch entspannter oder ihre Fütterungszeiten liegen so, dass sie nachts „müssen". Es gibt Hunde, die ihr Geschäft nicht im Freien oder in Ihrer Gegenwart verrichten wollen.

Was auch immer der Grund sein mag: Das Einfachste ist, Sie nehmen Ihren Hund nachts mit in Ihr Schlafzimmer und beschränken ihn auf seinen Schlafplatz, so dass er ihn nicht verlassen kann. Nur wenige Hunde beschmutzen ihren eigenen Schlafplatz. Wenn er Sie also mitten in der Nacht aufweckt, dann gehen Sie mit ihm in den Garten und warten Sie, bis er sein Geschäft erledigt hat. Loben Sie ihn dafür und bringen Sie ihn wieder zu seinem Schlafplatz. Das nächtliche „Geschäft verrichten" wird ihm mit der Zeit zu ungemütlich werden und er wird seinen Körper darauf einstellen, es morgens zu tun. Fahren Sie mit diesem Plan so lange fort, bis er Sie eine Woche lang ungestört schlafen lässt, um ihm dann wieder seinen eigentlichen Schlafplatz zuzuweisen. Achten Sie eine weitere Woche darauf, dass er sein Körbchen nicht verlassen kann, lassen Sie aber die Türen offen und stehen Sie auf, sobald Sie ein Geräusch vernehmen.

Stubenreinheit

Es kann sein, dass Ihr neuer Hund noch nie in einem Haus gelebt hat oder aber vergessen hat, dass man im Freien aufs Hundeklo gehen muss. Wenn er davor im Zwinger gehalten wurde, dann ist er daran gewöhnt, sein Geschäft auf einem harten Boden zu verrichten. Im Haus sucht er sich deshalb vielleicht den Küchenboden oder die Terrasse als Klo aus und Sie müssen ihm beibringen, dass dies keine geeigneten Orte sind.

Ein Hund, der nicht stubenrein ist, wird sich einige Stellen im Haus als Klo auswählen und diese immer wieder aufsuchen. Er wird sich normalerweise davonschleichen, um sein Geschäft zu erledigen und es nicht vor den Menschen verrichten, weil er in der Vergangenheit wahrscheinlich für diese Tat bestraft wurde. Durch diese Art der Bestrafung lernt der Hund nicht, dass er draußen aufs Klo gehen soll, sondern nur, dass es gefährlich ist, das Geschäft in Gegenwart von Menschen zu verrichten. Solche Hunde gehen oft erst aufs Klo, wenn sie nach einem Spaziergang das Haus betreten. Das ist sehr ärgerlich, nach Ansicht des Hundes jedoch sehr reinlich, weil er wartet, bis er sein Klo benutzen kann.

WIE MAN ERWACHSENE HUNDE STUBENREIN BEKOMMT

Es ist recht einfach, einen erwachsenen Hund stubenrein zu bekommen und Sie können ihm sehr schnell gute Angewohnheiten beibringen. Wie schnell, das hängt aber davon ab, wie gut Sie

ALLES ROUTINESACHE

Ihr Hund wird schneller stubenrein, wenn Sie sich beim Füttern und Spazierengehen täglich an die gleiche Routine halten. Ein fester Tagesablauf trägt dazu bei, dass Ihr Hund sein Geschäft in regelmäßigen Zeitabständen verrichtet, so dass Sie mit der Zeit genau wissen, wann Sie ihn nach draußen lassen müssen.

sich an einen Plan halten können, wie schnell Ihr Hund begreift, wie alt er ist und wie seine früheren Erfahrungen sind.

Bevor Sie mit dem Trainingsprogramm beginnen, sollten Sie alle zuvor verunreinigten Stellen mit einer biologischen Waschlö-

Ein neuer Hund braucht eventuell einige Wochen, um sich eine neue Angewohnheit anzueignen, vor allem wenn er lange Zeit im Zwinger zugebracht hat.

sung oder einem speziellen, bei Ihrem Tierarzt erhältlichen Reinigungsmittel reinigen. Damit entfernen Sie sämtliche Gerüche, die den Hund immer wieder an die gleiche Stelle ziehen.

Es ist wichtig, dass Sie den Hund einige Wochen lang ständig beobachten, so dass er sein Geschäft nicht im Haus verrichten kann. Wenn dies nicht möglich ist oder wenn Sie schlafen, müssen Sie dafür sorgen, dass er sein Körbchen nicht verlassen kann. Er hat dann keine andere Möglichkeit aufs Klo zu gehen als in Ihrer Anwesenheit und Sie können ihm zeigen, wo die geeignete Stelle dafür ist. Nur sehr wenige Hunde beschmutzen ihr eigenes Körbchen und obwohl es unfair ist, wenn sie länger als ein paar Stunden den Schlafplatz nicht verlassen dürfen, hält es sie doch davon ab, sich in einem unbeobachteten Moment davonzuschleichen. Sie müssen entweder eine Begrenzung um den Schlafplatz bauen oder den Hund festbinden. Verwenden Sie dazu niemals eine Kette sorgen Sie dafür, dass sich der Hund nicht verletzen kann. Er sollte auch niemals länger als zwei Stunden an seinen Schlafplatz gebunden sein.

Morgens nach dem Aufstehen, abends vor dem Zubettgehen und alle zwei Stunden tagsüber sollten Sie Ihren Hund zum Toben und Schnüffeln ins Freie lassen. Beides stimuliert den Hund, sein Geschäft zu verrichten. Legen Sie an der Stelle, an der er sein Geschäft erledigen soll, eine beschmutzte Zeitung oder etwas Hundekot aus, damit er durch den Geruch dorthin gelockt wird.

Bleiben Sie bei ihm und haben Sie Geduld. Sobald er sich gelöst hat, loben Sie ihn und belohnen ihn mit einem Spiel oder Leckerli. Wenn er sich nach fünf Minuten immer noch nicht gelöst hat, dann bringen Sie ihn wieder ins Haus und versuchen es später noch einmal, beobachten ihn jedoch in der Zwischenzeit gut.

Beobachten Sie ihn im Haus die ganze Zeit über und achten Sie darauf, was er tut. Wenn Sie sehen, dass sich Ihr Hund lösen möchte, dann rufen Sie laut „Nein!" und fordern ihn auf, mit Ihnen nach draußen zu gehen. Loben Sie ihn, wenn er es tut, damit er das „nach draußen gehen" immer mit einer Belohnung assoziiert. Wenn Sie erwischt haben, bevor er sich gelöst hat, dann lassen Sie ihn draußen sein Geschäft zu Ende verrichten und belohnen ihn danach.

Bestrafen Sie den Hund nicht, wenn Sie einen „Unfall" zu spät bemerken. Betrachten Sie es als Ihren Fehler, weil Sie ihn nicht genügend beobachtet haben. Bei Nacht ist es am einfachsten, das Hundekörbchen direkt vor die Schlafzimmertür zu stellen und dafür zu sorgen, dass er es nicht verlassen kann. Wenn Sie hören, dass er unruhig wird oder einen Laut von sich gibt, dann bringen Sie ihn ins Freie (siehe Seite 136).

Wenn Sie während Ihres Trainingsprogramms das Haus für länger als zwei Stunden verlassen müssen, dann sollte Ihr Hund seinen Schlafplatz verlassen dürfen. Sorgen Sie stattdessen dafür, dass er, bevor Sie weggehen, genügend Auslauf und sich gelöst hat und legen Sie den Boden großflächig mit Plastik und Zeitungspapier aus. Dadurch lernt er zwar nicht, stubenrein zu werden, aber Sie können den Hundekot später leichter entfernen. Bestrafen Sie ihn nicht, wenn während Ihrer Abwesenheit sein Geschäft im Haus verrichtet. Bringen Sie ihn einfach in ein anderes Zimmer, bis Sie alles sauber gemacht haben und versuchen Sie, ihn künftig nicht mehr so lange allein zu lassen.

Belohnen Sie Ihren Hund, wenn er Ihnen zu verstehen gibt, dass er nach draußen will, dann wird er schnell lernen, sich immer bemerkbar zu machen, wenn er sich lösen muss.

WIE VIEL ZEIT IST NÖTIG?

An diesem Trainingsprogramm müssen Sie mindestens zwei Wochen lang festhalten. In dieser Zeit wird sich Ihr Hund eine neue Verhaltensweise angewöhnen und ins Freie gehen wollen, wenn er den Drang danach verspürt. Nach zwei Wochen können Sie die Zeitspanne zwischen den Aufenthalten im Garten etwas ausdehnen, dabei aber immer auf Anzeichen achten, ob der Hund nach draußen möchte. Es kann sein, dass er aktiver wird oder zur Tür läuft. Belohnen Sie ihn sofort dafür und bringen Sie ihn nach draußen. Sobald Sie diesen Punkt erreicht haben, können Sie sich entspannt zurücklehnen und nicht mehr dafür Sorge tragen, dass er seinen Korb nicht verlassen kann, sondern ihm mehr Freiheiten im Haus gewähren.

Sie werden schließlich auf bestimmte Signale reagieren, die Ihnen anzeigen, dass der Hund ins Freie möchte, wie zur Türe laufen oder sich winselnd davor zu setzen. Bestärken Sie ihn in seinem Verhalten, indem Sie ihn nach draußen lassen, dann wird er schon bald immer ankündigen, dass er sein Geschäft verrichten muss. Wenn Sie seine Signale stets dadurch belohnen, dass Sie ihn hinaus lassen, dann wird er Ihnen immer mitteilen, wenn er einen Drang verspürt.

WEITERE PROBLEME MIT DER STUBENREINHEIT

Es gibt noch weitere Faktoren, die fehlende Stubenreinheit zur Folge haben, wie Stress und Spannungen innerhalb der Familie, Angst vor dem Alleinsein und Markierung des Reviers. Jedes dieser Probleme muss anders angegangen werden. Und jedes dieser Probleme hat andere, unverkennbare Anzeichen.

Gestresste Hunde hinterlassen ihre großen Kothaufen oft an gut sichtbaren Stellen und meistens während der Nacht. Hunde, die Angst vor dem Alleinsein haben, sind nur unsauber, wenn sie sich einsam fühlen. Diese Hunde hinterlassen oft kleine, flüssige, keine festen Kothaufen, die sie oft nervös umkreisen. Hunde, die ihr Revier markieren möchten setzen die Haufen ebenfalls an gut sichtbaren Stellen ab, weil sie Ihnen, Besuchern oder anderen Tieren eine Geruchsmitteilung hinterlassen wollen. Oft markieren sie in einem Zimmer die augenfälligsten Gegenstände, Ein- und Ausgänge sowie neue Dinge. Ob dieses Problem behoben werden kann, hängt davon ab, ob die Ursache richtig erkannt wird. Sobald Sie das geschafft haben, geht die Behandlung recht zügig voran.

Wenn Sie absolut nicht herausfinden können, weshalb Ihr Hund dieses Verhalten zeigt, dann sollten Sie sich an Ihren Tierarzt oder einen Tierverhaltenstherapeuten wenden.

Übermäßiges Bellen

Hunde, die viel bellen sind sowohl für den Halter als auch die Nachbarn ein Ärgernis. Sie verhelfen Hunden zu einem schlechten Ruf, so dass es wichtig ist, die Lärmbelästigung unterbinden, bevor die Nachbarn sich beschweren. Es gibt viele Gründe, warum ein Hund so ausgiebig bellt. Viele bellen, weil irgendwann in ihrem Leben keines ihrer Grundbedürfnisse befriedigt wurde, so dass sie es zur Kompensation ihrer Frustration einsetzten. Andere bellen, wenn sie aufgeregt sind, manche versuchen, das Haus zu verteidigen und wieder andere bellen, um die Aufmerksamkeit des Besitzers auf sich zu lenken.

BELLEN BEI FRUSTRATION ODER AUFREGUNG

Um herauszufinden, ob Ihr Hund aus Frust oder Aufregung bellt, sollten Sie sich zuerst vergewissern, ob alle seine Grundbedürfnisse befriedigt werden (siehe Kapitel 5). Überprüfen Sie insbesondere, ob er geistig und körperlich genügend ausgelastet ist, vor allem wenn er noch jung und aktiv ist. Wenn Sie Ihrem Hund eine Arbeit geben, in Form eines Spiels oder anderer Aufgaben, dann kann er beträchtlich ruhiger werden. Bringen Sie ihm bei, auf die Kommandos „Sitz" und „Platz" sofort zu reagieren – es gibt nur wenige Hunde, die in dieser Position bellen – und wenn er gehorcht, dann haben Sie zwei Gründe, ihn zu belohnen. Wenn er beim Sitzen oder Liegen weiter bellt, dann können Sie ihm beibringen, ein Spielzeug im Maul zu halten, weil es für einen Hund sehr schwierig ist, zu bellen und gleichzeitig etwas im Maul zu haben.

Als Alternative dazu können Sie Ihren Hund so trainieren, dass er auf Befehl bellt und ruhig ist. Das mag auf den ersten Blick unlogisch sein, es ist jedoch erstaunlich, wie viele laute Hunde viel ruhiger werden, sobald sie gelernt haben, auf Kommando zu bellen. Es scheint, als ob sie früher völlig gedankenlos bellten und sich nun über ihr Tun bewusster sind. Wenn Sie es schaffen, dass Ihr Hund auf Kommando bellt, dann kann er auch auf Ihren Befehl hin ruhig sein. Es kann sein, dass Ihr Befehl anfangs keine Wirkung zeigt, vor allem, wenn der Hund aufgeregt ist, doch mit der Zeit sollte er besser darauf reagieren, besonders, wenn Sie Ihrer Aufforderung noch mehr Nachdruck verleihen, indem Sie ihn mit der einen Hand am Halsband festhalten und mit der anderen sein Maul zuhalten. Üben Sie dieses Kommando in verschiedenen Situationen.

BELLEN ZUR REVIERVERTEIDIGUNG

Hunde, die bellen, weil Sie Haus und Garten vor Eindringlingen schützen wollen, müssen mit mehr Menschen zusammen gebracht werden, damit sie umgänglicher werden. Nehmen Sie Ihren Hund öfter irgendwohin mit, damit er seinen begrenzten Horizont erweitern kann. Es ist auch wichtig, dass man solche Hunde davon abhält, den ganzen Tag über am Zaun auf und ab zu rennen. Wenn Ihr Hund dies tut, dann stoppen Sie ihn sofort, indem Sie ihn zu sich rufen und anschließend für sein Kommen belohnen. Verhindern Sie wenn möglich, dass es wieder geschieht und bieten Sie ihm eine andere Beschäftigung an.

LEICHTE VERHALTENSSTÖRUNGEN BEHEBEN

Aggressivität im Auto beruht oft auf einem tief sitzenden Misstrauen gegenüber Fremden.

AUF KOMMANDO BELLEN UND RUHIG SEIN

Binden Sie Ihren Hund fest und entfernen Sie sich von ihm, halten Sie dabei etwas Leckeres in der Hand. Bewegen Sie es vor ihm hin und her, damit er möglichst aufgeregt wird. Sobald er einen Laut von sich gibt – und wenn es nur ein Winseln ist, werfen Sie ihm die Belohnung hin und loben ihn. Wiederholen Sie die Übung, wobei der Laut immer kräftiger werden sollte, bis Sie die Belohnung aus der Hand geben. Dann führen Sie den Befehl „Gib Laut!" ein, so dass Ihr Hund diese Worte mit seinem Bellen in Verbindung bringt.

Üben Sie weiter, bis Ihr Hund jederzeit auf Befehl bellt.

● Wenn Sie dem Hund beibringen möchten, auf ein Kommando hin ruhig zu sein, dann binden Sie ihn wieder an und fordern ihn zum Bellen auf. Doch dieses Mal werfen Sie ihm die Belohnung nicht hin, sondern geben ihm nach einiger Zeit den Befehl „Still!". Führen Sie zusammen mit dem Befehl auch ein Handzeichen ein, damit Ihr Hund besser versteht, was Sie von ihm wollen. Warten Sie, bis er

ruhig ist, auch wenn es lange dauert. Sobald er aufgehört hat zu bellen, geben Sie ihm die Belohnung und loben ihn. Wiederholen Sie dies noch oft und erweitern Sie die Übung allmählich, bis er die Befehle „Gib Laut!" und „Still!" zuverlässig beherrscht.

● Auf Befehl zu bellen kommt dem Hund eher entgegen und ist leichter zu belohnen als still sein. Sie sollten daher mehr Zeit auf das Üben und Belohnen des Befehls „Still!" verwenden, da dieses Verhalten ja erwünscht ist.

BELLEN UM AUFMERKSAMKEIT ZU ERWECKEN

Manche Hunde haben gelernt, dass sie ihren Besitzer nur durch Bellen auf sich aufmerksam machen können. Diese Hunde stehen oft direkt vor einer Person, während diese gerade beim Fernsehen ist oder sich anderweitig beschäftigt und bellen, bis sie die gewünschte Aufmerksamkeit erhalten. Die einzige Methode, mit dieser Verhaltensweise umzugehen, ist den Hund völlig zu ignorieren und ihn niemals zu belohnen.

Jedes Familienmitglied sollte sich daran halten und Sie sollten alle Nachbarn davon in Kenntnis setzen, dass Sie versuchen, die schlechte Angewohnheit Ihres Hundes in den Griff zu bekommen.

Seien Sie darauf vorbereitet, dass der Hund am Anfang noch mehr bellen wird, weil er mit allen Mitteln versucht, seine gut funktionierende Verhaltensweise durchzusetzen. Schließlich wird

LEICHTE VERHALTENSSTÖRUNGEN BEHEBEN

er jedoch aufgeben und sich hinlegen. Wenn er sich einige Minuten lang ruhig verhalten hat, dann sollte er von allen Familienmitgliedern durch Aufmerksamkeit belohnt werden. Wenn er an diesem Punkt vor Aufregung wieder zu bellen beginnt, dann ziehen Sie sich wieder zurück. Er wird allmählich erkennen, dass Bellen zu nichts führt, wenn er aber ruhig ist, ihm viel Zuwendung zuteil wird. Für diese Methode benötigt man Durchhaltevermögen, aber sie funktioniert auf alle Fälle, wenn Sie Ihren Hund wirklich niemals belohnen, wenn er um Aufmerksamkeit bettelt.

Achten Sie darauf, dass Ihr Hund nicht vor Ihnen durch Türen geht. Bestehen Sie vom ersten Tag an auf gute Manieren, dann wird Ihr Hund mehr Respekt vor Ihnen haben.

Schlechte Angewohnheiten

Es gibt Hunde, die noch nie in einem Haus gelebt haben und denen man erst angemessenes Verhalten beibringen muss. Das Zusammenleben mit einem Hund, der noch nie im Haus gehalten wurde oder mit einem, dem man seine schlechten Angewohnheiten durchgehen ließ, kann sich anfangs sehr schwierig gestalten. Solche Hunde kosten zu Beginn sehr viel Mühe, die ersten Ergebnisse sollten sich jedoch schon nach einigen Tagen einstellen.

Bestehen Sie zu jeder Zeit auf gutes Benehmen. Halten Sie notfalls Ihren Hund davon ab, etwas Falsches zu tun. Übernehmen Sie die Führung und zeigen Sie ihm, was Sie von ihm erwarten, damit es nicht in einen ständigen Kampf zwischen Ihnen und ihm ausartet. Belohnen Sie ihn, wenn er etwas richtig gemacht hat, so dass beide – Hund und Herr – zufrieden sind. Zu Beginn kann es hilfreich sein, ihn in einem Zimmer des Hauses zu halten: Sie sollten ihm aber täglich viele „Ausflüge" durchs restliche Haus gestatten und ihm dabei anständiges Benehmen beibringen.

KORREKTUR VON AUSSEN

Schlechtes Benehmen können Sie entweder von Vornherein verhindern oder durch „Korrektur von außen" beheben. Wenn Ihr Hund gerade auf den Tisch springen will, um etwas Essbares zu stehlen, dann werfen Sie – vor seinem Absprung – etwas Weiches und Schweres nach ihm. Hierbei ist der Zeitpunkt entscheidend, denn hat er das Essen erst mal erreicht, dann ist es zu spät. Der Gegenstand muss ihn treffen, wenn er gerade abspringen will. Sie sollten den Gegenstand so werfen, dass er dadurch zur Seite springt und sich entfernt. Der Hund soll dabei keinen Schrecken bekommen und wegrennen, der Gegenstand soll aber auch nicht so weich sein, dass er sich von seinem Vorhaben nicht abbringen lässt.

Als Alternative empfiehlt sich, etwas nach ihm zu werfen, das ein Geräusch verursacht, wie eine mit Kieselsteinen gefüllte Dose oder einen Schlüsselbund. Die Korrektur soll für ihn wie „aus dem Nichts" kommen und nicht mit Ihnen in Zusammenhang gebracht werden. Wenn Sie alles richtig gemacht haben und die „Korrektur" anscheinend nicht von Ihnen kam, dann wird es ihn in Zukunft davon abhalten, das Gleiche nocheinmal zu tun, selbst wenn Sie nicht anwesend sind. Sie werden das wahrscheinlich mehrere Male an verschiedenen Orten wiederholen müssen, bis Ihrem Hund klar wird, dass es keine gute Idee ist, Essen vom Tisch zu stehlen.

Autofahrten

Viele Besitzer haben auf Autofahrten Probleme mit ihrem Hund: Wenn Sie also viel reisen, dann sollten Sie erst überprüfen, wie sich Ihr Hund im Auto verhält. Die Probleme reichen von Reiseübelkeit über ständiges Gebell bis zum Zerfetzen der Autositze. Auch hier steckt eine Ursache hinter dieser Verhaltensweise, die Sie zuerst herausfinden müssen, bevor Sie das Problem beheben können.

REISEÜBELKEIT UND ANGST

Manche Hunde leiden unter echter Reiseübelkeit, kurze Fahrten bekommen ihnen meist recht gut, auf längeren wird ihnen jedoch

Hunde, die beim Fahren bellen sind ein Ärgernis und auch eine Gefahr, wenn sie den Fahrer ablenken.

leicht übel. Viele Hunde haben einfach nur Angst vor dem Autofahren und fühlen sich deshalb nicht wohl. Solche Hunde beginnen oft zu sabbern, sobald sich das Fahrzeug in Bewegung setzt. Ihnen wird meistens schon kurz nach Reiseantritt übel. Es gibt auch Hunde, die zu zittern, winseln oder bellen beginnen und sogar ihr Geschäft im Auto verrichten. Hunde, die aus Angst bellen, tun dies nur, wenn sich das Auto bewegt. Meistens verschlimmert es sich, wenn Sie schnell fahren, verbessert sich aber auf der Autobahn.

Wenn sich Ihr Hund vor fahrenden Autos fürchtet, dann müssen Sie ihn langsam daran gewöhnen. Das heißt, Sie sollten ihn anfangs auf kurze Fahrten mitnehmen, die alle mit einem Spaziergang oder einem freudigen Erlebnis enden. Die Länge der Fahrt hängt von der Furcht Ihres Hundes ab. Steigern Sie die Fahrtlänge in den folgenden Wochen und achten Sie darauf, Ihren Hund dabei nicht zu überfordern. Wenn Ihr Hund vor Angst bellt, dann heißt das, dass Sie die Dinge langsamer angehen müssen.

Fahren Sie vorsichtig, vermeiden Sie holprige Straßen und scharfe Kurven. Es kann ebenfalls hilfreich sein, dem Hund einen anderen Platz im Auto zuzuweisen. Wenn Sie einmal hinten in einem Kombi mitfahren, dann werden Sie merken, wie unbequem man dort reist und wie schwierig es für den Hund sein muss, das Gleichgewicht zu halten. Bringen Sie ihm bei, vorne im Fußraum oder direkt hinter dem Beifahrersitz Platz zu nehmen und sich ruhig zu verhalten. Achten Sie darauf, ihn zu Beginn festzubinden, damit er Sie nicht beim Fahren stören und einen Unfall verursachen kann.

JAGDINSTINKT

Einige Hunde stammen von Rassen ab, die speziell für die Jagd gezüchtet wurden und daher einen starken Jagdinstinkt besitzen, der sie beim Autofahren oft in Schwierigkeiten bringt. Solche Hunde konzentrieren sich auf Dinge, die beim Fahren auf sie zukommen, wie Bäume, Menschen oder andere Hunde, verbellen sie im Vorüberfahren und wenden sich dann dem nächsten jagdbaren Gegenstand zu. In ihrem Frust zerreißen solche Hunde im Extremfall die Sitzpolster, weil sie es nicht schaffen, dem Objekt hinterher zu jagen.

Diese Hunde bellen oft nur, wenn das Auto beschleunigt und die Gegenstände sehr schnell an ihnen vorüber ziehen. Um diese Verhaltensweise zu verhindern, sollten Sie dem Hund beibringen, „Platz" zu machen, damit sich sein Kopf unterhalb des Fensters befindet oder ihn in einem abgedeckten „Reisekäfig" befördern, aus dem er nicht nach draußen sehen kann. Sorgen Sie dafür, dass er seinen Jagdtrieb in geeigneten Spielen ausleben kann.

ANGST VOR DINGEN AUSSERHALB DES AUTOS

Hunde, die sich vor Menschen, Kindern, Lastwagen oder anderen Tieren fürchten, bellen oft, wenn sie diese vom Auto aus sehen. Sie sollten Ihren Hund allmählich desensibilisieren (siehe Kapitel 7), kurzfristig können Sie ihm auch einfach die Sicht nach draußen versperren, indem Sie ihn in einem abgedeckten Reisekäfig befördern.

AUFREGUNG IM AUTO

Manche Hunde bellen vor Aufregung, weil sie wissen, dass Autofahrten meistens mit einem Spaziergang oder etwas Ähnlichem enden. Wenn Ihr Hund dazugehört, dann nehmen Sie ihn einfach auf langweiligere Fahrten mit, an deren Ende er nicht nach draußen darf, um die Aufregung etwas zu dämpfen. Es ist auch hilfreich, ihn am Ende einer Fahrt noch zehn Minuten im Auto zu lassen, bis er hinaus darf. Wenn Sie ihn dann herauslassen, dann soll er zuerst bei Fuß gehen und einige Übungen absolvieren, bevor er von der Leine darf. Bevor Sie ihn ins Auto verladen, sollte er beim Spielen im Garten austoben können, um seine überschüssige Energie los zu werden.

ZUWENDUNG VOM BESITZER

Hunde, die zu Hause ihren Besitzer anbellen, wenn sie Zuwendung brauchen, tun dies meistens auch im Auto, vor allem wenn sie von ihrem Herrchen durch ein Hundegitter getrennt sind. Diese Hunde bellen ohne Unterbrechung den Hinterkopf ihres Besitzers an, bis er sich zu ihnen umwendet. Versuchen Sie, das Problem schon zu Hause in den Griff zu bekommen (siehe Seite 140), bevor Sie sich mit Ihrem Hund ins Auto setzen, wo es viel schwieriger ist, sein Bellen zu ignorieren.

TIPPS FÜRS AUTO

- Anfangs nur kurze Fahrten.
- Wenn sich Ihr Hund vor Autofahrten fürchtet, lassen Sie jede Fahrt mit einem angenehmen Spaziergang oder Spiel ausklingen oder machen Sie ihn vorher mit einem langen Spaziergang oder anstrengenden Spiel müde.
- Fahren Sie vorsichtig und vermeiden Sie Schlaglöcher.
- Platzieren Sie Ihren Hund nicht hinten im Auto, sondern hinter dem Beifahrersitz oder im Fußraum, um zu sehen, ob er sich dort eventuell ruhiger verhält.
- Stellen Sie sicher, dass Ihr Hund Sie nicht vom Fahren ablenken kann und Sie die Kontrolle über den Wagen verlieren.
- Transportieren Sie Ihren Hund in einem geschlossenen Transportkäfig, wenn er sich vor äußeren Dingen fürchtet oder hinter ihnen herjagen möchte.

148 DER HUND AUS DEM TIERHEIM

Ausreißer

Es kann sein, dass Ihr neuer Hund bei seinem Vorbesitzer regelmäßig ausgerissen ist. Das hat ihn auf den Geschmack gebracht, die Welt draußen zu erkunden. Vielleicht rennt er davon, um Menschen oder Hunde zum Spielen zu finden, um zu jagen oder um einen Paarungspartner zu finden. Durch Kastration Ihres Rüden/Ihrer Hündin können Sie letzteres verhindern, ansonsten reißen Hunde aus, weil ihre Grundbedürfnisse nicht erfüllt werden. Wahrscheinlich mangelt es ihnen an Beschäftigung oder sie haben nicht genügend soziale Kontakte.

Wenn Sie sich einen solchen Hund ausgewählt haben, dann sollten Sie ihn unter Kontrolle halten, bis sich zwischen ihnen ein stärkeres Band entwickelt hat und er merkt, wie angenehm das Zusammenleben mit Ihnen ist.

Wenn sie keine sichere Umzäunung besitzen, dann sollten sie den Hund an einer langen Leine festbinden, wenn Sie ihn in den Garten lassen. Passen Sie vor allem auf, dass er nicht durch Haustür entkommen kann und versehen Sie ihn mit einem Adressanhänger am Halsband oder lassen Sie ihm einen Mikrochip einpflanzen.

Wenn Sie sich schließlich als guter Halter herausstellen, der alle Bedürfnisse seines Hundes erfüllt, dann sollte dieser eigentlich nicht mehr davonrennen wollen, sondern sich in Ihrer Gegenwart wohl fühlen.

Wenn sich Hunde etwas in den Kopf gesetzt haben, dann können sie sich durch erstaunlich schmale Zwischenräume zwängen.

KAPITEL 10

Die Geschichte von Beau

Als ich Beau – einem Labrador/Weimaraner-Mix – zum ersten Mal begegnete, war er 18 Monate alt und hatte bereits acht Menschen gebissen. Er drohte jedem, der ihm zu nahe kam, war Hunden und anderen Tieren gegenüber aggressiv, verhielt sich sehr dominant, zog stark an der Leine und war alles in allem ein sehr schwieriger Hund. Nun ist Beau 11 Jahre alt. Er hat als „Therapiehund" Patienten im Krankenhaus besucht, an Agility- und Begleithund-Wettbewerben teilgenommen, ist freundlich zu jedermann, verträgt sich mit Tieren und Kindern – er ist kurz gesagt, mein perfekter Hund aus zweiter Hand. Ich habe seine Geschichte aufgeschrieben, um den Menschen Hoffnung zu machen, deren neuer Tierheimhund Verhaltensprobleme hat.

Beau im Alter von 18 Monaten. Er war ein sehr ängstlicher Hund, der glaubte, durch Aggressivität unerwünschte Eindringlinge von seinem Revier fern halten zu können.

Beau kam in meine Obhut kurz nachdem ich begonnen hatte, im Auftrag des Blue Cross Verhaltensstörungen bei Tieren zu lösen. Er war schon an zwei Besitzer vermittelt worden, hatte beide gebissen und sich auch dem Tierheimpersonal gegenüber aggressiv verhalten. Man war überein gekommen, dass man ihn – um weitere Verletzungen auszuschließen – nicht noch einmal vermitteln würde und wenn ich nichts für ihn tun könnte, würde man ihn einschläfern. Ich war mit sämtlichen Theorien vertraut und hatte in den letzten Jahren auch viel praktische Erfahrung sammeln können, aber ich hatte es noch nie mit einem so schwierigen Hund zu tun. Ich hatte Zweifel, dass ich Erfolg haben würde. Weil Beau aber bei einem Versagen meinerseits nichts zu verlieren hatte, war es einen Versuch wert. Es kam noch hinzu, dass viele Mitarbeiter beim Blue Cross einer Verhaltenstherapie bei Tieren sehr skeptisch gegenüber standen, was mir nur noch mehr Anreiz gab. Außerdem wusste ich, dass mir im Notfall einer der besten Ratgeber zur Seite stand. John Rogerson, der mir viel über Hundeverhalten beigebracht hatte, stand mir telefonisch jederzeit zur Verfügung, wenn ich bei einem Problem nicht weiterkam.

Ich entschied mich noch am gleichen Tag, Beau zu mir zu nehmen, weil ich wusste, dass er lernen musste, völlig von mir abhängig zu sein. An besagtem Donnerstagmorgen stand ich vor

Beaus Angst vor Männern konnte mit allmählicher Desensibilisierung und vielen Belohnungshappen überwunden werden.

seinem Zwinger und beobachtete, wie er mich anbellte und die Zähne fletschte. Sobald er damit etwas nachließ, machte ich eine Bewegung auf die Tür zu, doch da fing er schon wieder von Neuem an. Weil ich mich aber mehr davor fürchtete, vor dem Tierheimpersonal (das die Szene vom Küchenfenster aus beobachtete) meine Niederlage einzugestehen, entschloss ich mich, das Risiko einzugehen. An diesem Tag brauchte ich für das Betreten seines Zwingers mehr Mut als ich je geglaubt hätte. Als es mir gelungen war, eine Leine an seinem Halsband zu befestigen, machte er sich daran, mich auf einen Spaziergang mitzunehmen. Auf halbem Weg wollte ich mir auch etwas Respekt verschaffen, so dass ich die Leine kürzer nahm und ihn „Sitz" machen ließ. Er starrte mich an, dass mir die Haare im Nacken zu Berge standen und hob leicht die Lefzen an, um mich seine weißen Zähne sehen zu lassen. Da ich mich nicht unterkriegen lassen wollte, befahl ich ihm streng still zu stehen, lobte ihn und ging schnellen Schrittes weiter!

Statt sein Bellen um Aufmerksamkeit zu belohnen, brachte ich ihm bei, sich auf den Rücken zu legen. Wenn er heute Zuwendung verlangt, dann rollt er sich auf den Rücken und strampelt mit seinen Füßen in der Luft. Das sieht sehr lustig aus und funktioniert immer.

Danach machten wir von Tag zu Tag Fortschritte. Ich wandte alle mir bekannten Tricks an, mit denen man die Stellung eines Hundes erniedrigen kann und vermied jegliche Konfrontation. Ich ließ mich von ihm einfach nicht beißen und bestand auf die Ausführung meiner Befehle, wobei ich darauf achtete, dass ich körperlich auch dazu in der Lage war, ihre Durchsetzung zu erzwingen. Er erkannte recht schnell, dass er in mir seinen Meister gefunden hatte und änderte sein Verhalten mir gegenüber. Da ich in keiner Weise aggressiv reagierte, begann er mir schon bald zu vertrauen und es entstand eine enge Freundschaft. Das Personal meinte, dass er kleiner geworden sei, seitdem ich ihn zu mir genommen hatte: Wahrscheinlich wirkte er nicht mehr so bedrohlich oder es hatte damit zu tun, dass er seinen Schwanz gesenkt hielt und seine Körperhaltung sich geändert hatte, seit er in der Rangfolge gesunken war. Zu Hause war er sehr unterwürfig, seit Winnie, mein Rhodesian Ridgeback ihm gezeigt hatte, wer im Haus der Boss war.

Beaus Aggressivität gegenüber Menschen und Tieren war schwerer in den Griff zu bekommen. Er hatte sich von seinen Vorbesitzern und auch von Profis – die es eigentlich hätten besser wissen müssen – eine harte Behandlung gefallen lassen müssen und fürchtete sich nun, wenn ihm Menschen zu nahe kamen. Vor Männern hatte er mehr Angst als vor Frauen, also begannen wir unser Training mit Frauen, die sich mutig als Freiwillige meldeten. Ich werde den Frauen, die zu jener Zeit beim Blue Cross arbeiteten, ewig dankbar sein – allen voran Tina Kew, die sich als Erste vor ihn hinsetzte und ihm auf ausgestreckter Hand Futter anbot. Während dieser Begegnungen wagten wir kaum zu atmen, doch allmählich begannen die beiden sich zu mögen und zu vertrauen, so dass ich seinen Freundeskreis erweitern konnte.

Es dauerte etwa zwei Jahre, bis ich ihm auch bei fremden Menschen voll vertraute. In jener Zeit ereigneten sich aber auch Zwischenfälle. Schon bald nachdem ich ihn zu mir genommen hatte, ließ ich ihn eines Samstagmorgens im Büro, während ich beim Weihnachtsbasar mithalf. Ein Mitarbeiter des Blue Cross, der eine große Schachtel trug, betrat unerwartet mein Büro. Beau sprang ihn an und biss das Vorderteil der Schachtel heraus. Ich möchte lieber nicht daran denken, was passiert wäre, wenn der Mann keine Schachtel vor sich gehabt hätte!

Ein harmonisches Zuhause und ein vertrauensvoller Besitzer waren genau so Bestandteil seiner Therapie wie die Arbeit mit anderen Leuten. Ich hielt ihn von aggressiven, schwierigen Menschen fern und allmählich gewann er sein Vertrauen zurück. Menschen repräsentierten nicht mehr Furcht und Schmerzen, sondern Spaß und Futter. Bei einer Kaffeepause erkundigte sich eine Mitarbeiterin nach dem schrecklich aggressiven, schwarzen Hund, worauf wir alle lachten und nur Beau anschauten, der sich an sie lehnte und seinen Kopf streicheln ließ.

Während Beaus Wiedereingliederung stieß ich auf einen interessanten Test, mit dem man den Grad der Angst bei einem Hund feststellen konnte. Zu Beginn schaukelte immer mein ganzes Auto, weil Beau sich bellend und knurrend gegen die Scheiben warf, sobald eine Person vorüber ging. Als er mit der Zeit seine Haltung gegenüber den Menschen geändert hatte, ließ er von diesem Verhalten ab, wenn sich nicht gerade ein Fremder gegen mein Auto lehnte. Schließlich misstraute er keinem Menschen mehr und heute bellt er nur noch, wenn ihm auf dunkler Straße eine verdächtig aussehende Person begegnet. Die Theorie, dass Hunde auf engem, leicht zu verteidigendem Raum ihre echten Gefühle zeigen, ist nun Bestandteil unseres Tests, wenn wir Hunde im Zwinger beurteilen. Dadurch können wir viel mehr über ihren wahren Charakter herausfinden.

Die Ursache für Beaus Aggressivität gegenüber Hunden lag wahrscheinlich an der fehlenden Sozialisierung in Verbindung mit einigen Angriffen, die seinen Eindruck verstärkten, dass alle Hunde gefährlich sind. Seine Methode, mit Angst umzugehen, bestand darin, sich so groß wie möglich zu machen, um der Welt seine Stärke zu zeigen. Diese unglückliche Haltung führte dazu, dass die anderen Hunde ihn sehr schlecht behandelten, was sein Problem noch mehr vergrößerte. Zu jener Zeit nahm ich mit meinem Spaniel Sammy an Agility-Wettkämpfen teil. Das war der ideale Trainingsort, da die meisten Agility-Hunde an andere Hunde gewöhnt sind und sie ignorieren, weil sie auf ihren Besitzer fixiert sind. Ich parkte immer im entferntesten Winkel des Parkplatzes und hielt mich völlig am Rande. Wenn ich zu nah hinging, wurde Beau aggressiv, waren wir zu weit entfernt, fing er an zu zittern und zu winseln. Mit der Zeit verhielt er sich ganz ruhig und wurde dafür von mir mit Leckerli und viel Lob belohnt. Diese

Vorgehensweise praktizierte ich während des ganzen darauf folgenden Jahres, so dass sich sein Verhalten zuerst langsam, später immer schneller, besserte.

Bisweilen war ich nahe daran, über Beau sehr wütend zu werden. Es war peinlich und ärgerlich, wie er immer wieder versuchte, sich auf wohl erzogene Hunde zu stürzen. Manchmal war es schwer, sich daran zu erinnern, dass er es nur aus Angst tat und nicht etwa einfach, weil er eben ein Problemhund war. Einigemal kam es vor, dass ich ihn in meinem Frust anschrie und zu mir her zog, um sein Verhalten zu stoppen. Das verwirrte ihn, machte alles noch schlimmer und ich ging niedergeschlagen nach Hause. Als ich alles nocheinmal in Ruhe überlegte und mir vorstellte, wie er auf den Agility-Vorführungen gezittert und gewinselt hatte, bekam ich Mitleid mit ihm, änderte mein Verhalten und wir begannen, Fortschritte zu machen.

Gleichzeitig stellte ich ihn anderen freundlichen Hunden vor, die er zu tolerieren lernte und mit denen er schließlich auch spielte. Als eine leichte Besserung zu verzeichnen war, begann ich mit ihm Agility zu betreiben. Eines Tages warteten wir darauf, bis wir an die Reihe kamen. Beau stand ohne Leine neben mir und ich konzentrierte mich auf die Strecke, die wir zurücklegen mussten. Diese Gelegenheit nutzte ein Deutscher Schäferhund, der es schon immer auf Beau abgesehen hatte, um aus der wartenden Gruppe auszubrechen und Beau ins Hinterteil zu beißen. Statt einer Gegenattacke wirbelte Beau herum, setzte sich vor mich hin und blickte auf meine Tasche, in der sich die Belohnungshappen befanden: Er zog es vor, anstatt zu kämpfen, sich lieber auf etwas Freudiges zu konzentrieren. Da wusste ich, dass wir es beinahe geschafft hatten. Heute verhält er sich anderen Hunden gegenüber immer noch etwas seltsam, aber nie aggressiv. Wenn sich Hunde problematisch verhalten, dann knurrt er und geht davon – manchmal in meine Richtung, wenn er merkt, dass die Dinge außer Kontrolle geraten. Ein solches Vertrauen in meine Stärke ist rührend, aber er weiß wahrscheinlich, dass ich ihn aus jeder Gefahr retten würde, selbst wenn ich dabei ernste Verletzungen davontragen würde.

Als ich Beau zum ersten Mal nach Hause brachte, besaßen wir eine scheue, schüchterne Katze. Beau war wie hypnotisiert, wenn sie sich im gleichen Raum aufhielt wie er und blickte sie unter Sabbern und Zittern unverwandt an. Wenn er die Gelegenheit gehabt hätte, wäre er hinter ihr her gerannt, ich beobachtete ihn jedoch ständig, dass es nicht dazu kam. Einige Wochen später ließ ich Beau versehentlich unangeleint in das Zimmer, in dem sich die Katze aufhielt. Beau machte einen Satz auf sie zu und die Katze rannte quer durch die Küche, wo sie sich auf dem Fensterbrett in Sicherheit brachte. Ich hörte, wie Beaus Zähne aufeinander krachten, als er zu ihr hochsprang.

Beau wuchs mit kleinen Kindern auf und genoss ihre Gesellschaft. In seinen frühen Jahren waren sie die einzigen Menschen, denen er vertrauen konnte.

Ich war so wütend auf ihn, dass ich ihn im Haus herum jagte, bis ich ihn im Wohnzimmer in eine Ecke trieb. In der Hitze des Gefechts vergaß ich das ganze Trainingsprogramm und gab ihm eine Ohrfeige. Er sprang auf, stand mit geschlossenen Augen und nur auf zwei Beinen an die Wand gelehnt und machte Beißbewegungen. Im gleichen Moment schämte ich mich, dass ich all seine schrecklichen Erinnerungen an seine Vorbesitzer wieder gerufen hatte, ich rief ihn daher zu mir und liebkoste ihn. Nach dieser Erfahrung wollte er nach wie vor die Katze jagen, aber unser gegenseitiges Vertrauen war gefestigt worden. Ich erkannte, wie leicht wir Menschen aggressiv werden, wenn die Dinge nicht nach Plan verlaufen. Es ist auch sehr einfach, unseren Tierheimhunden menschliche Tugenden zuzuschreiben und sie für „undankbar" zu halten, wenn ihnen doch jegliches Bewusstsein dafür fehlt. Allmählich lernte Beau, sich ruhig zu verhalten, wenn eine Katze im Zimmer war. Wenn er heute eine trifft, dann jagt er zwar nicht hinter ihr her, lässt sie aber auch nicht einen Moment aus den Augen.

Da er alle herkömmlichen Befehle verstand, begann ich mit ihm an Wettbewerben für Gebrauchshunde teilzunehmen. Weil dies größtenteils zu meinem eigenen Vergnügen war, beschloss ich, falsches Verhalten seinerseits nie zu korrigieren. Folglich dauerte es einige Zeit, bis er gut genug war, um die Begleithunde- und Gebrauchshundeprüfung abzulegen. Die Tatsache, dass Beau jede Minute des Trainings genoss, machte die Sache schon lohnenswert. Eines der ersten Dinge, was ich ihm beibringen musste, war das Apportieren, da die Hunde bei vielen Übungen verborgene Gegenstände finden müssen. Beim ersten Mal wollte er weder spielen noch irgend etwas aufheben, so dass ich mit einem Gegenstand beginnen musste, der mit seinen Lieblingsleckerli gefüllt war. Mit der Zeit machten wir große Fortschritte, bis er schließlich alles aufhob – einschließlich Metallgegenstände. Als wir uns einmal im sogenannten „Suchquadrat" aufhielte, wo verschiedene Dinge versteckt waren, blieb er einige Augenblicke lang wie angewurzelt stehen und starrte unverwandt auf den Boden. Darauf sprang er hoch in die Luft und rannte mit zufriedener Miene zu mir zurück. Ich streckte ihm meine Hand entgegen, um wie gewöhnlich den Gegenstand in Empfang zu nehmen, da spie er seine Beute aus – eine noch warme, aber tote Maus.

Einige Monate, nachdem ich mit Beau zu arbeiten begonnen hatte, entschloss ich mich, ihn abzugeben, weil ich bereits zwei Hunde besaß und eigentlich keinen dritten wollte. Ich setzte eine Anzeige in die Zeitung und es antworteten auch mehrere Leute, die in Frage kamen. Ich fand jedoch bei allen einen Fehler und nach einer Weile machte mich jemand darauf aufmerksam, dass ich wohl nie den „perfekten" Besitzer finden würde. Ich musste dem zustimmen und bald danach adoptierte ich Beau offiziell. Das Personal in Tierheimen besitzt meine volle Bewunderung. Ihre Aufgabe ist unglaublich schwer: Sie pflegen und kümmern sich um die Tiere, fühlen sich ihnen verbunden und müssen sie dann abgeben.

Beau und ich haben eine lange Wegstrecke hinter uns. Er hat mich überallhin begleitet, vor allem zu Gesprächsrunden und Kursen, bei denen ich seine Geschichte erzähle, um den Menschen zu zeigen, dass es nicht unmöglich ist, das Verhalten eines Hundes zu ändern. In meiner Anfangszeit, als ich noch sehr aufgeregt war, wenn ich öffentlich sprechen sollte, begann Beau immer zu sabbern, wenn ich mir Sorgen machte und hörte erst damit auf, wenn der Kurs zu Ende war. Dieses äußere Zeichen meiner Furcht zeigte, wie eng wir miteinander verbunden waren und es war für alle eine Erleichterung, als ich mehr Selbstvertrauen gewann. Der Grad unserer Verbundenheit spielte eine wichtige Rolle bei Beaus Verwandlung zu einem guten Haushund. Jeder, der einen Problemhund zu sich nimmt, sollte sich dessen bewusst sein, wie wichtig es ist, dass sich der Hund auf uns Menschen verlassen kann. Ich hatte Glück, weil Beau in seinem tiefsten Innern gut war. Ich meine damit, dass er – bedingt durch seine Erbanlagen – ein Temperament besaß, das nicht dazu neigte, irreversible Ängste zu entwickeln. Hätte er mehr Collie- oder Hütehund-Gene in sich gehabt, dann hätte ich den ihm zugefügten Schaden wahrscheinlich nie gut machen können.

Es ist seltsam, wenn man auf alles zurückblickt und sich erinnert, wie er am Anfang war. Wir haben viele problemlose Jahre miteinander verlebt und es ist schwer, sich das Leben ohne ihn vorzustellen. Die Erfahrungen mit ihm haben mich vieles über Hundeverhalten gelehrt und mir ein Bewusstsein dafür vermittelt, wie viel von Menschen verlangt wird, die einen Problemhund zu sich nehmen. Wenn Sie also Schwierigkeiten mit Ihrem neuen Hund haben oder einen sehr schwierigen Hund wie Beau es war, aufgenommen haben, dann hat Ihnen diese Geschichte hoffentlich Mut für die Zukunft gemacht.

Suchen Sie den Rat eines Experten, wenn die Probleme sehr schwerwiegend sind und denken Sie daran, dass Veränderungen ihre Zeit brauchen. Zeigen Sie Durchhaltevermögen und erwarten Sie keine Wunder über Nacht. Wenn es schief geht, dann hatten Sie eben Pech, haben es aber wenigstens versucht. Wenn Sie Erfolg haben, dann haben Sie die freudige Gewissheit, einen Hund vor seiner unsicheren Zukunft bewahrt zu haben und Sie erhalten dafür Zuneigung und Treue, die mehr wert sind als alles Geld der Welt.

Beau während einer Kaffeepause mit Mitarbeitern des Blue Cross Centre.

Nützliche Adressen

Der Deutsche Tierschutzbund
hat über www.deutscher-tierschutzbund.de
Adressen von Tierheimen in Deutschland zur
Verfügung.

Geben Auskunft über Notvermittlungsstellen für
Rassehunde:

**Verband für das deutsche Hundewesen
VDH e. V.**
Westfalendamm 174
Postfach 104 154
44141 Dortmund
Tel.: 0231-5 65 00-0
Fax: 0231-59 24 40
internet: www.vdh.de

**Schweizerische Kynologische
Gesellschaft SKG**
Postfach 8276,
CH-3001 Bern
Tel.: 031-306 62 62
Fax: 031-306 62 60
E-mail: skg-scs@hundeweg.org.

Österreichischer Kynologenverband ÖKV
Johann-Teufel-Gasse 8
A-1238 Wien
Tel.: 0043-(0)1-8 88 70 92
Fax: 0043-(0)1-8 89 26 21
E-mail: office@oekv.at

Gibt über die Landestierärztekammern Auskunft
über verhaltenstherapeutisch arbeitende
Tierärzte in Deutschland:

Bundestierärztekammer
Geschäftsstelle
Oxfordstraße 10
53111 Bonn
Tel.: 0228-75 54 60

Register

A
Ablenkung 91
Adoption
    Vermittlungsstellen 22–23
    Vorgehensweise 25–27
Aggression 33, 100–113
    als Verteidigung 111–112
    als Dominanzverhalten 110
    gegen andere Hunde 111
    gegen den Besitzer 109
    bei Schmerzen 110
    bei Beuteinstinkt 113
    Ursachen 100
    umgelenkte 110
    gegen Fremde 105–106
    Warnsignale 101
Allein zu Hause 58, 114–129
Alter 13
Angst 35, 86–87, 110–105
    im Auto 144–147
    vor Kindern 108–109
    vor Trennung 121–123
    vor Fremden 107–108
Anhänglichkeit, übermäßige
    118–119
Anzeigen 23
Arbeitshunde 16
Aufmerksamkeit 74–75, 120
Aufregung 139–140, 147
Augenkontakt 33
Ausstellungshunde 16
Auswahl des Hundes 10–27
Autofahrten 45, 144–146

B
Baden 59
Bedürfnisse 78–89, 132–134
    unbefriedigte 88–89
Beißen 101–104
    Warnsignale 101
Bellen 139–143, 147
    als Revierverhalten 140
Belohnungen 46, 63–64, 91, 92,
    138, 142
Beratung 106, 131
Berühren *siehe* Körperkontakt
Beschwichtigung 33, 103
Besitzspiele 87
Bestrafung 63–67, 115, 131

REGISTER

Besuche zu Hause 2–27
Beurteilung des Charakters 28–43
    im Zwinger 30–35
    außerhalb des Zwingers
    36–41
Bewegungsbedürfnis 18, 35
Beziehungen 62–77, 132–134
Bleib-Kommando 98–99
Border Collies 15

C

Charakter 14–15, 19, 23–24
    Beurteilung *siehe* Beurteilung
    des Charakters
Collies 42, 80, 86
    Kreuzungen 15

D

Deutscher Schäferhund 15, 80, 86
Dobermann 15, 33
Durchfall 61

E

Eingewöhnung des Hundes
    44–62
Emotionale Erpressung 28
Emotionen 28
Erste Nächte 57–58
Erweitertes Rudel 58–59
Erziehung 90–99
    Abstimmung des Lebensstils
    17–20, 35
    Allein zu Hause 120, 129
    Befolgen von Kommandos
    40, 68–70
    Bellen 140, 142
    Bleib-Kommando 98–99
    Gehen an der Leine 94–95
    Hausregeln 44–47, 58–59,
    63–64
    Hundeschule 99
    Kommen auf Befehl 92–94
    Korrektur im Freien 144
    Platz-Kommando 97
    Ruhe 142
    Sitz-Kommando 96
    Vertrauen 62
Erziehung zur Stubenreinheit *siehe*
    Stubenreinheit

F

Fallstudie 150–157
Fellpflege 39, 75–77
Felltypen 14
Fortpflanzung 88
Fremde 17, 31, 105–108
Freunde, Empfehlungen durch 23
Freundschaft 62, 89
Frust, bellen aus 139–140
Futter, Trocken 135
Füttern 74, 135

G

Genetische Merkmale 15
Geräuschempfindlichkeit 80
Geruchsinn 78–80
Geschlecht 12
Gesenkte Rute 83
Gesundheit 131
Gewitter 121–122
Greyhound 15, 42
Größe 11

H

Halsband, Abneigung gegen
    109–110
Handbewegungen, plötzliche 33
Handzeichen 83, 91
Häuser, nicht vertraut mit 129
Hausregeln 44–47, 58–59, 62–64
Haustiere, andere 117–18, 41–43
Hierarchie 51–3, 67–69
Hochspringen 134–135
Hunde
    Informationen über neue
    25
    andere 17–18, 37–38, 42–43,
    51–53
    Zweit- 116
Hundepensionen 21–22
Hündinnen 12, 88

I

Informationen über Hunde 25
Inkontinenz 135

J

Jagdspiele 87
Jagen 146

K

Kämpfe 52–53, 103
Kastration 88
Kastrierte Hunde 12–13, 88
Katzen 41–42, 53–55
Kauen 89, 124, 127–128
Kinder 16–17, 40–41, 47–49, 77
Kleine Tiere 41–42, 55–57
Kommandos *siehe* Erziehung
Kommen auf Befehl 92–93
Kopf erhoben 83
Körperkontakt 19, 31–32, 39, 48
Körperliche Merkmale 10–16
Körperpflege 87–88
Körpersprache 82–83
Korrektur im Freien 144
Kot absetzen *siehe* Stubenreinheit
Kreuzungen 15

L

Labrador 127
Langeweile 124–128
Leine, ziehen an der 15, 43
Lob 46, 63–64, 92, 138

M

Maulkorb 50, 106–107
Mischlingshunde 14, 16
Möbel 63–64, 72

N

Nacht, erste 57–58
    Probleme während der
    135–136
Namen 65

P

Platz- Kommando 97
Probleme mit der Stubenreinheit
    135–139
Problemhunde *siehe* Verhalten-
    sprobleme

Q

Quietsch-Spielzeug 87

R

Rassen 14–16
Rassevermittlungsstellen 22–23

Regeln, Haus- 44–47, 58–59, 63–64
Reiseübelkeit 144–146
Reviermarkierung 87, 123–124
Rottweiler 33
Routine 58–59
   Verlassen des Hauses 117, 120
Rudelführer 51–53, 68–70
   Mensch als 68–77

S
Sanfter Charakter 19
Scheuheit 100–102, 104–105
Schlafplatz 70–72
Schwanz wedeln 83
Schwierige Hunde *siehe* Verhaltensprobleme
Sehvermögen 81
Selbstständigkeit 20
Sicherheitsbedürfnis 85–87
Sitz-Kommando 96
Soziale Kontakt 85
Sozialisierbarkeit 33
Spaniel 15
Spazieren gehen an der langen Leine 94–95
Spenden 22
Spielaufforderung 83
Spiele 87
Spieltrieb 38–39, 72, 88
   unbefriedigter 112–113
Spielzeug 38–39, 72, 87–89
Staffordshire Bull Terrier 15
Stammbaum, Hunde mit 15
Starker Charakter 19
Starren 33
Sterilisation 88
Streicheln *siehe* Körperkontakt
Streuner 22
Stubenreinheit 45–47, 57–58, 60–61,135–139
   nachts 135–136
   Zwischenfälle 57–58, 135–136, 138

T
Tastsinn 81–82
Temperament 14–20
Terrier 42, 55
Tierärzte 60–61, 99, 107, 131
Tiere, kleine 41–42, 55–57
Tierheime 20–22
Tierheimhunde 20–22
Tierverhaltenstherapien 131
Trennungsängste 115, 118–123
   Behandlung 123–124
Trockenfutter 135

U
Unarten 65
Unterwürfigkeit 115

V
Verhalten 14
   gutes 68
   schlechtes 84, 115, 143–144
Verhaltensprobleme 23–24, 43
   kleinere 88, 119–119, 130–149
Verharren 103
Verlassen des Hauses 117, 120
Verteidigung, physiologische Veränderungen 103–104
   Strategien 103
Vertrauen 62

W
Wasser 135
Weglaufen 103, 149
Weibliche Hunde 12, 86
Wiedervermittlung 21–23
Wölfe 67–68

Z
Ziehen an der Leine 94–95
Zuhause
   allein 58–59
   Eingewöhnung ins neue 44–62
   erster Tag 43–47

BILDQUELLEN

In der Reihenfolge ihres Erscheinens im Buch:
Ardea 56/John Daniels 17 unten, /Jean-Paul Perrero 68 oben
Anne Marie Bazalik 24 oben links
Chris Barham 6
Gwen Bailey 150 Mitte links
John Daniels 13, 53, 57, 116, 125
David Key 43 unten rechts, 54 oben
Octopus Publishing Group Ltd. 32 oben, /Rosie Hyde 19, /John Moss 17 oben, / Tim Ridley vorderes Umschlagbild, vordere Umschlagklappe, 9 rechts, 10 Mitte, 11 oben links, 11 oben rechts, 12, 16, 18, 20 oben links, 21 unten, 22 oben links, 26, 29 links, 30 oben links, 30 oben rechts, 31 unten rechts, 34 Hauptbild, 35 Hauptbild, 36 Mitte rechts, 40 oben, 42 unten links, 45 Hauptbild, 46 oben, 47 Mitte rechts, 47 unten links, 48 oben, 49 links, 51 oben, 55 unten rechts, 59 oben links, 60 oben rechts, 61 Hauptbild, 63, 64 oben, 66 Hauptbild, 69 unten rechts, 71 oben rechts, 71 unten links, 73 Hauptbild, 74, 76 Hauptbild, 78 Mitte, 79 oben links, 80 oben rechts, 81 unten rechts, 82, 84 oben, 85 links, 86, 87, 89, 90 Hauptbild, 92 oben links, 92 unten links, 93 oben links, 93 oben rechts, 93 Mitte Mitte rechts, 93 Mitte rechts, 93 unten rechts, 94 unten links, 95 oben links, 95 Mitte oben, 95 unten rechts, 96 oben links, 96 Mitte links, 96 Mitte rechts, 97 oben links, 97 Mitte rechts, 97 unten, 98 oben links, 98 oben rechts, 99 oben, 101 Hauptbild, 102 Hauptbild, 104 oben, 105 Mitte, 106 oben, 107 unten, 111 oben, 113 unten rechts, 114 Hauptbild, 117, 119 Hauptbild, 122 oben, 126 Hauptbild, 129 unten rechts, 130 Hauptbild, 132 oben, 133 oben, 134 links, 137, 138 links, 141, 143 oben, 145 Hauptbild, 148 Hauptbild, 151 oben, 152 unten links, 155 oben, 157 unten rechts
N.H.P.A./T. Kitchin & V. Hurst 67 unten, /Norbert Wu 14 unten
RSPCA Photolibrary/Angela Hampton 83, /Tim Sambrook 27

Umschlagfotos:
Regina Kuhn, Stuttgart